LIST DO MATKI

WARIS DIRIE

LIST DO MATKI

Wyznanie miłości

Z angielskiego przełożyła
Joanna Pierzchała

Świat Książki

Tytuł oryginału
A LETTER TO MY MOTHER

Redaktor prowadzący
Monika Koch

Redaktor
Maria Wirchanowska

Redakcja techniczna
Lidia Lamparska

Korekta
Olimpia Sieradzka

Copyright © 2005 Waris Dirie Foundation/Media Pros Handels GmbH
All rights reserved
Copyright © for the Polish translation by Bertelsmann Media sp. z o.o.,
Warszawa 2009

Świat Książki
Warszawa 2009
Bertelsmann Media sp. z o.o.
ul. Rosoła 10, 02-786 Warszawa

Skład i łamanie
KOLONEL

Druk i oprawa
Opolgraf S.A., Opole

ISBN 978-83-247-0916-8
Nr 6207

Spis treści

Wstęp	6
Trudny początek..	7
1. Wezwanie	11
2. Mamo, przyjeżdżam po ciebie!.....................	25
3. Spotkanie	37
4. W Mogadiszu	55
5. Operacja	73
6. Mama w obcym kraju	96
7. Załamanie	118
8. Moje nowe życie	129
Pojednanie i przebaczenie................................	145
Aneks 1: Islam zakazuje okaleczania narządów płciowych kobiet	149
Aneks 2: Waris Dirie – wystąpienia	151

Wstęp

Czasami zadaję sobie pytanie: „Czy to wszystko zdarzyło się naprawdę, czy też obudziłam się właśnie z długiego, mrocznego snu?".

Kiedy siadam wygodnie w fotelu i zamykam oczy, widzę sceny z ostatnich sześciu miesięcy. Po raz pierwszy od dziesięciu lat spotkałam się z matką. Przywiozłam ją z Afryki do lekarzy w Wiedniu, ponieważ była poważnie chora i cierpiała na dotkliwe skurcze żołądka. Ich przyczyna była nieznana. Pokazałam jej mój Wiedeń i próbowałam z nią porozmawiać o nieporozumieniach, które zaszły między nami w przeszłości. Wszystko skończyło się w sposób, którego nigdy nie byłam sobie w stanie wyobrazić, nawet w najgorszych snach.

Po wyjeździe matki czułam się wypalona i pusta. Nie wiedziałam, co począć z nurtującymi mnie uczuciami – moją rozpaczą, gniewem i bólem. Szczęśliwy zbieg okoliczności sprawił, że znalazłam się w Republice Południowej Afryki. Kupiłam tam niewielki domek i po pewnym czasie doszłam do wniosku, że chciałabym spisać swoje doświadczenia z kilku ostatnich miesięcy. Musiałam zrzucić z serca ciężar.

W rezultacie powstała najbardziej osobista książka, jaką kiedykolwiek napisałam. Przybrała formę długiego listu do matki. Wyraziłam w niej wszystko, czego nie mogłam powiedzieć jej bezpośrednio, gdy była w Wiedniu. Pisałam o rzeczach, z których nigdy się nikomu nie zwierzałam. List ten nie stanowi oskarżenia, jest jednak czymś więcej niż tylko oczyszczeniem duszy. Jest wyznaniem miłości. Wyznaniem miłości córki do matki.

Trudny początek

Kochana Mamo!
  Gdziekolwiek jestem, zawsze mam przy sobie Twoje zdjęcie. Ukazuje Cię na somalijskiej pustyni. Stoisz ubrana w obszerny afrykański strój sięgający do ziemi. Spowijająca Cię barwna materia mieni się wszystkimi kolorami świata. Na szyję założyłaś wiele złotych łańcuchów, a na palce liczne pierścionki. Wiem, jak bardzo to lubisz. Wyglądasz na osobę dumną, niemal boską, Twoja twarz jest świeża i czysta niczym oblicze młodej dziewczyny. Oczy przywodzą na myśl głębię oceanu i być może właśnie ten szczegół fotografii najbardziej zapadł mi w serce.
  Kiedy widziałyśmy się w Wiedniu po raz ostatni, doszło między nami do kłótni. Obie krzyczałyśmy, byłyśmy wściekłe i płakałyśmy. W ten sposób dałyśmy wyraz całej nagromadzonej w nas złości, rozczarowaniu, a także cierpieniu. Powiedziałyśmy sobie słowa, które powinny były zostać przemilczane. W końcu rozstałyśmy się rozgoryczone i wyczerpane wielogodzinną awanturą.
  Siedzę teraz w małym domku w Republice Południowej Afryki, który stał się moim schronieniem. Spoglądasz na mnie z fotografii ustawionej na biurku i tylko niekiedy udaje mi się uniknąć Twego wzroku. Patrzę na morze, fale i małe rybackie łódki odpływające od brzegu. Jest późne popołudnie, słońce ma kolor czerwony i jest już na wpół zatopione w morzu. Zmierzch zapada tu niewiarygodnie powoli, zupełnie inaczej niż w Europie.
  Mało spałam przez kilka poprzednich nocy. Byłam zrozpaczona i zde-

zorientowana. Paliła mnie jakaś wewnętrzna gorączka. Szukałam sposobu, żeby zbliżyć się do Ciebie, ale nie mogłam go znaleźć. Przewracałam się na łóżku z boku na bok. Wciąż mam Ci tak wiele do powiedzenia, ale nie wiem, jak to zrobić. Prawda jest niekiedy jak róża. Jej kolce mogą zranić. Dlatego tak trudno mi powiedzieć sobie: „Waris, wiele w życiu zdobyłaś, ale nie udało ci się osiągnąć najważniejszego celu – zapewnić sobie miejsca w sercu matki".

Zawsze chciałam, żebyś była ze mnie dumna i z radością mówiła o swojej mieszkającej za granicą córce. Pragnęłam Twego podziwu dla upartej i nieugiętej Waris, która daje sobie radę w nowym życiu. Wiem, że nie potrafisz zrozumieć i zaakceptować wielu rzeczy, które robię lub mówię, ponieważ nie pozwala Ci na to Twoje tradycyjne wychowanie. Żyjesz w starej Afryce, uwięziona we wszystkich jej rytuałach i obyczajach. Ja noszę w sobie moją Afrykę. To nowa Afryka, stanowiąca potężną mieszankę tradycji i nowoczesności. Droga Mamo, pragnę tylko, żebyś mnie zrozumiała.

Gdyby wszystkie sprawy, które pozornie mają znaczenie, można było odsunąć na bok, co pozostałoby nienaruszone? Miłość córki do matki. Uczucie matki do dziecka. Nie ma na świecie nic silniejszego niż tego rodzaju więź.

Podczas bezsennych nocy przyszedł mi do głowy pewien pomysł. Zaczęłam pisać do Ciebie długi list. „Być może – pomyślałam – uda mi się wyrazić wszystko, czego nie mogłam powiedzieć Ci osobiście". Po napisaniu kilku pierwszych linijek podarłam list i rzuciłam go na podłogę, do głębi rozczarowana. Nie poddałam się jednak. Znów chwyciłam za pióro, żeby zacząć od początku. Pisałam i darłam, zaczynałam pisać, by po chwili znów wszystko podrzeć w strzępy. W końcu udało mi się zapisać pierwszą stronę; nieco później skończyłam drugą. Pisałam coraz szybciej, upojona uczuciami przepełniającymi mnie podczas tej czynności. Pisałam, pisałam i pisałam. Zaczęły mnie boleć palce, ale to mnie nie powstrzymało. Pióro niemal fruwało po papierze. Czas płynął, a ja zapomniałam o jedzeniu i piciu. Kiedy czułam się zmęczona, spałam przez kilka godzin, a potem wracałam do biurka i kontynuowałam pisanie, jak w transie.

Mamo, w liście do Ciebie poruszyłam kwestie bardzo intymne. Nawet moim najbliższym przyjaciołom nie powiedziałam o wielu rzeczach, o których tu napisałam. Nieraz zmuszałam się, aby powiedzieć całą prawdę. Przyszła jednak pora, aby wyznać prawdę i tylko prawdę.

Chcę, żebyś zrozumiała, dlaczego jestem taka, jaka jestem. Może ten list pomoże mi zbliżyć się do Ciebie.

Jesteśmy matką i córką, połączonymi więzami krwi, ale całkowicie się od siebie różnimy. Dzieli nas tysiące kilometrów, a nasze opinie są tak odmienne, jakbyśmy mieszkały na innych planetach. Często wyciągałam do Ciebie rękę, którą Ty zawsze odtrącałaś. Niezależnie od tematu rozmowy, czy była to religia, tradycja, czy aktualne problemy rodziny, nigdy się ze sobą nie zgadzałyśmy. Brakowało wzajemnej tolerancji dla innego punktu widzenia, chociaż niczego nie pragnęłam bardziej, niż być przez Ciebie zrozumianą.

Jestem i zawsze pozostanę Twoją Waris, Twoim kwiatem pustyni. Urodziłaś mnie na somalijskiej pustyni. Brutalny ojciec zbił mnie tak dotkliwie, że byłam bliska śmierci. Moje organy płciowe zostały okaleczone w imię okrutnej tradycji. Uciekłam z domu, nie zabrawszy nic oprócz ubrania, które miałam na sobie. Łaskawy los sprawił, że znalazłam się w Londynie, a szczęśliwy zbieg okoliczności pozwolił mi wiele osiągnąć. Waris kwiat pustyni stała się Waris supermodelką, Specjalnym Ambasadorem Narodów Zjednoczonych, bojowniczką przeciwko strasznej niesprawiedliwości okaleczania narządów płciowych kobiet*, a także uznaną pisarką. Miliony ludzi przeczytały książki o moim życiu.

A jednak, Mamo, opowieść ta nie jest kompletna. Przez wiele lat nosiłam w sobie głęboko ukrytą tajemnicę. Nigdy o tym nie mówiłam. Na zewnątrz jestem silną Waris, wojowniczką, zawsze piękną i uśmiechniętą. Jednak wewnątrz czuję się zraniona, niepewna, a w tym dużym, kolorowym świecie – wyalienowana. To wina demona krążącego nad moim życiem. Niekiedy mam wrażenie, że zniknął, że udało mi się go pozbyć, powraca jednak z taką siłą i brutalnością, że zapiera mi dech i wlecze mnie za sobą w otchłań ciemności.

Demon sprawuje całkowitą kontrolę nad moim życiem. Decyduje o tym, co czuję, jak daleko mogę zajść, czy mój nastrój jest dobry, czy zły. Być może będziesz umiała mi pomóc w pokonaniu go, Mamo. Razem, jako matka i córka, jesteśmy silne.

Mamo, tym listem proszę Cię o pomoc i miłość.

Twoja Waris, Twój kwiat pustyni, Twoja córka.

---

* Ang. *female genital mutilation*, w skrócie FGM.

1

Wezwanie

Jesień bezsprzecznie zawitała do Wiednia. Wiatr zerwał liście z drzew, które utworzyły na ziemi paletę barw we wszystkich możliwych odcieniach czerwieni, żółci, złota i brązu. Od czasu do czasu spod liści wyłaniały się kasztany. Lato było gorące i suche. Pierwszy prawdziwy deszcz i zimny wiatr pobudziły naturę do działania. Odnosiło się wrażenie, że wszystkie rośliny i zwierzęta pilnie przygotowują się na odparcie ataku zimy. Spacerując po mieście, można było się przyjrzeć wiewiórkom gorączkowo szukającym jedzenia, drepczącym od jednego drzewa do drugiego. Na niebie szybko przesuwały się obłoki. Światło i cień pojawiały się na przemian. Kiedy promienie słońca zdołały przebić się przez chmury, było przytulnie i ciepło, ale gdy tylko przykryły je obłoki, czuło się przenikliwie zimny powiew. Nie ulegało wątpliwości, że lato staczało swoją ostatnią walkę. W ciągu kilku dni będzie musiało odejść i ustąpić miejsca jesieni.

Był koniec października, a ja przemierzałam ulice Wiednia, który stał się moim nowym domem. Przywiodły mnie do tego miasta przeznaczenie i zbieg okoliczności. Uciekłam do Wiednia przed mężczyzną, który stanowił dla mnie poważne zagrożenie. Zamieszkałam w niewielkim mieszkaniu i czułam się szczęśliwa, że tu przyjechałam. Wiele osób pytało, dlaczego wybrałam Wiedeń. Zakochałam się w tym mieście, w jego pięknie, wyrazistym charakterze, kulturze, a także w niezwykłej architekturze i historii. Wciąż jednak prześladowały mnie pytania: „Czy kiedykolwiek uda mi się zapuścić tu korzenie?

Czy Wiedeń stanie się moim nowym domem? A jeżeli tak, to na jak długo?".

Przechadzka po tętniących życiem ulicach miasta stanowiła ekscytujące, a zarazem wzbogacające doświadczenie. Jesień jest porą roku, kiedy lubię być otoczona ludźmi. Minęłam jedną z typowych wiedeńskich kawiarni. Postanowiłam sprawić sobie przyjemność i wstąpić na filiżankę herbaty. Już od dawna nie czułam się tak dobrze. W końcu udało mi się uporządkować pewne sprawy. Poprzedni rok był dla mnie trudny. Wielokrotnie wydawało mi się, że nie mam już sił. Niemniej jednak odniosłam sukces i zdałam najtrudniejszy egzamin w życiu. To uczucie triumfu dodało mi odwagi, wzmocniło wiarę w siebie i we własne siły. Czułam się jak uczestniczka maratonu przekraczająca linię mety. Nogom wyraźnie dawały się we znaki skutki zmęczenia po czterdziestu dwóch kilometrach nieustannego biegu, ale w duszy czułam się wolna – „dokonałam tego!".

Przez lata nosiłam w sobie tajemnicę, o której nie mogłam albo też nie chciałam rozmawiać z kimkolwiek. Gdy byłam dzieckiem, moje narządy płciowe zostały okaleczone w niezwykle okrutny sposób, zgodnie z odwieczną tradycją obowiązującą w moim kraju – Somalii. Prawdopodobnie przez resztę życia będę musiała ponosić tego konsekwencje. Często zdarza mi się odczuwać ból. Niekiedy jest tak dokuczliwy, że nie wiem, co robić. Od dzieciństwa cierpi nie tylko moje ciało, ale również dusza. Nagromadziło się we mnie mnóstwo bólu i upokorzenia, które musiałam znosić, nie mogąc nikomu powierzyć swego cierpienia.

Pewnego dnia postanowiłam przestać od tego uciekać. Powiedziałam sobie: „Waris, musisz zmierzyć się ze swoim przeznaczeniem. Nie jesteś już dzieckiem, które wierzy, że wystarczy zamknąć oczy, a wszystko będzie dobrze".

Zdecydowałam mówić otwarcie o okaleczaniu narządów płciowych kobiet. Napisałam książki o moich osobistych doświadczeniach – *Kwiat pustyni* i *Córka nomadów*, a także o życiu obrzezanych dziewczynek w Europie, *Desert Children* (Dzieci pustyni). Książki okazały się bestsellerami. Przeczytały je tysiące ludzi na całym świecie. Kwestie, które w nich poruszyłam, były dla wielu czytelników zupełnie nieznane, toteż z trudem dawali im wiarę. Wiele kobiet rozpoznało jednak w tych książkach własną historię.

Początkowo nie zdawałam sobie sprawy, na co się porwałam, publikując *Kwiat pustyni*. Nikt przedtem nie mówił otwarcie o cierpieniu, które powoduje takie obrzezanie.

Okaleczanie narządów płciowych kobiet było do tej pory znane tylko z filmów przygodowych, których akcja rozgrywa się w Afryce. I nagle pojawiła się osoba, która zaprzeczyła wielu zakorzenionym wyobrażeniom. „To nieprawda, że takie rzeczy dzieją się jedynie tysiące kilometrów stąd. Dzieją się też tutaj, w sercu Europy, wśród nas. Odcina się dziewczynkom część łechtaczki i niemal całkowicie zaszywa ich pochwy. Przeważnie używa się w tym celu zwykłej brzytwy, nie stosując żadnego środka znieczulającego. Ofiarami tego nieludzkiego sposobu postępowania padły już miliony kobiet".

Udzielałam setek wywiadów w gazetach, czasopismach, radiu, telewizji i w Internecie, wygłaszałam odczyty i otrzymywałam zaproszenia na konferencje. Zostałam uhonorowana wieloma nagrodami. Spotkałam interesujących, wpływowych i znanych ludzi z całego świata, takich jak prezydent Związku Radzieckiego Michaił Gorbaczow, legenda muzyki Paul McCartney, sekretarz generalny Organizacji Narodów Zjednoczonych Kofi Annan i autor bestsellerów Paulo Coelho. Wszyscy oni zaczęli pomagać mi w mojej walce; niektórzy zostali przyjaciółmi.

Poświęcałam pracy mnóstwo czasu, aż poczułam się niemal całkowicie wyczerpana. Ktoś mógłby zadać pytanie, dlaczego osoba znajdująca się w podobnej sytuacji tak usilnie zaangażowała się w ideę walki przeciwko okaleczaniu żeńskich narządów płciowych. Wszystko, co robię, uważam za swoją misję, chociaż nie jest ona dla mnie łatwa pod żadnym względem – osobistym, zawodowym, uczuciowym. Być może po raz pierwszy w życiu zaczęłam odczuwać, że czynię coś ważnego dla innych ludzi. Uczucie to sprawiało, że zajmowałam się tym tak długo.

Nikt jednak nie zdawał sobie sprawy, co działo się w moim wnętrzu. Nie mówiłam wyłącznie o losie innych kobiet, ale także o tym, co przydarzyło się mnie. Opowiadałam ludziom o własnym życiu. Otworzyłam przed światem duszę.

Konfrontacja z własną przeszłością uderzyła mnie w sposób, którego nigdy się nie spodziewałam. Nie potrafiłam się przed nią bronić. Odnosiłam wrażenie, że jestem naga i przyglądam się sobie w lustrze. Widziałam w nim kobietę, która zbudowała wokół siebie zamek i nagle zauważyła, że jego mury zaczynają się kruszyć.

Odnalezienie siebie zabrało mi nieco czasu. Ilekroć odczuwałam dyskomfort lub niepewność, tylekroć zadawałam sobie pytanie, czy postąpiłam właściwie. Chociaż niekiedy było to bardzo trudne, odpowiedź z całą pewnością brzmiała „tak". Dzisiaj wiem, że okres ten można porównać do oczyszczającej duszę burzy. Jeżeli znajdziesz się na pustyni i spotkasz geparda, ucieczka nie ma sensu. Zwierzę jest szybsze niż ty, w pewnym momencie i tak cię dopadnie. Takie jest życie. Jeżeli nie stawisz czoła przeznaczeniu, zmarnujesz je.

* * *

Kochana Mamo!
Spotkałam mężczyznę, który dał mi nową siłę. Przeznaczenie jednoczy ludzi.
Mężczyzna ten przez lata toczył niemal beznadziejną walkę przeciwko potężnemu wrogowi. Ostatecznie skończyła się ona jego wygraną, ponieważ zawsze był przekonany, że postępuje właściwie i jest po właściwej stronie. Musiał podjąć ryzyko, musiał się poświęcać i za swoją odwagę otrzymał najwyższą nagrodę, jaką ludzkość może oferować – Pokojową Nagrodę Nobla.
Zostałam zaproszona w charakterze gościa specjalnego na galowy wieczór zorganizowany przez UNICEF w Düsseldorfie w Niemczech. Przez kilka lat pełniłam funkcję Ambasadora Dobrej Woli UNICEF-u, organizacji Narodów Zjednoczonych zajmującej się opieką nad dziećmi. Organizacja ta robi wiele dobrych rzeczy dla dzieci z całego świata.
W przeddzień gali spotkałam mężczyznę, który sprawił, że poczułam się znacznie lepiej – Lecha Wałęsę. Był przewodniczącym związku zawodowego „Solidarność" w Polsce. Ruch ten odegrał historyczną rolę. Dzięki Lechowi Wałęsie i „Solidarności" miliony ludzi mogą dzisiaj żyć w pokoju i cieszyć się wolnością. Pełniąc funkcję przewodniczącego związku zawodowego, zbuntował się przeciwko komunistycznym przywódcom sprawującym nieograniczoną władzę. Początkowo nie traktowano go poważnie, potem jednak zaczęto mu grozić i wzmagać represje. Mimo to coraz więcej ludzi szło w jego ślady. Najpierw setki, następnie tysiące. W końcu komuniści stracili władzę, a niedługo potem podobne wydarzenia miały miejsce w krajach sąsiednich.
Dokonał tego jeden człowiek.

Zostałam przedstawiona Lechowi Wałęsie podczas wieczoru poprzedzającego galę. Od razu poczuliśmy do siebie sympatię i następnego wieczoru postanowiliśmy zająć miejsca obok siebie.

Lech Wałęsa powiedział mi, że zarówno on, jak i jego żona czytali moje książki.

– Ludzie w Polsce wiedzą o twojej pracy, Waris. Jesteś u nas bardzo znana, niemal jak gwiazda pop. Dziewczyno, masz misję do spełnienia i osiągniesz swój cel. Wiem, co mówię.

Następnie ten sławny człowiek opowiedział mi swoją historię i dodał odwagi, której tak bardzo potrzebowałam. Na pierwszy rzut oka wszystko wydawało się łatwe i logiczne. Przypominało opowieść z bajki, która zawsze szczęśliwie się kończy. Dzisiaj jednak myślę, że jest rzeczą niewiarygodną, jak wiele odwagi i siły woli musiał mieć Lech Wałęsa, by przez to wszystko przejść. Jest przykładem tego, że nawet jedna osoba może doprowadzić kraj do upadku albo do zwycięstwa.

– Kiedy zacząłem moją walkę, będąc prostym elektrykiem i członkiem związków zawodowych w Stoczni Gdańskiej, wiedziałem, że położę kres dyktatorskiemu reżimowi komunistycznemu – powiedział mi. – Grożono mojej rodzinie, ja sam zostałem uwięziony, ale byłem od nich silniejszy, ponieważ wierzyłem w swoją misję i wiedziałem, że Bóg jest po mojej stronie.

Policzki mi płonęły.

– W komunistycznym reżimie tysiące osób więziono, torturowano i zabijano. Wolność słowa nie istniała. Ludzie żyli w ciągłym strachu.

Następnie Lech Wałęsa zbliżył swój policzek do mojego, tak jak robią to dzieci, kiedy chcą powierzyć sobie sekret.

– Wiem, że twoja misja zakończy się powodzeniem. Osiągniesz sukces w swojej osobistej walce przeciwko okaleczaniu narządów płciowych kobiet i we wszystkim innym, czegokolwiek się podejmiesz, Waris. Położysz kres całej niesprawiedliwości i cierpieniu, które dotyka miliony dziewcząt. Jesteś bardzo silną osobą i odniesiesz w tej walce zwycięstwo. Ktoś, kto prawdziwie wierzy w swoją misję, nigdy się nie poddaje i może osiągnąć wszystko.

Od tego momentu, Mamo, wszelkie moje wątpliwości prysły. Byłam już całkowicie przekonana, że walka, którą prowadzę przeciwko okaleczaniu żeńskich narządów płciowych, jest sprawą ważną i właściwą. Ilekroć czuję, że tracę wiarę, myślę o Lechu Wałęsie, o stoczonej przez niego walce i o jego zwycięstwach. Myśli te dodają mi skrzydeł.

* * *

W kawiarni było bardzo tłoczno. Udało mi się jednak znaleźć miejsce przy małym stoliku w rogu sali, z którego miałam dobry widok na całe wnętrze. Jednym z moich hobby jest obserwowanie ludzi – sposobu, w jaki chodzą, jak wyglądają, jak ze sobą rozmawiają. Z zainteresowaniem obserwuję emanującą z nich energię. Gdy na kogoś patrzysz, możesz się domyślić jego uczuć. Ostatnie ciepłe promienie słońca zachęciły kelnerów do ponownego ustawienia na chodniku stolików i krzeseł, które zdążyli już schować na zimę do piwnicy. Przyglądanie się im było zabawne. Do kawiarni przez cały czas przybywali nowi goście. Karawana kelnerów ze stolikami i krzesłami blokowała im drogę, próbując zrobić dla nich miejsca w ogródku. Słyszało się brzęk kieliszków i talerzy, szmer rozmów, a niekiedy przekleństwa osób, które wpadały na coś lub na kogoś.

Był to mój nowy dom. Stoły wiedeńskich kawiarni zamiast pustynnego piasku. Następujące po sobie pory roku w odróżnieniu od upału przez cały rok. Wolność bez żadnych ograniczeń w miejsce określonych zasad i kontroli. Pokój w przeciwieństwie do wojny domowej. Racjonalizm wypierający instynkt, postęp zamiast tradycji. Europa w zamian za moją Afrykę.

Czy kiedykolwiek będę czuła, że należę do tego miejsca? A jeżeli tak, to jak długo? Przez rok? Przez dekadę? Przez resztę życia?

Dom. Gdzie jest dla mnie to miejsce?

Somalia, z której pochodzę?

Londyn, do którego uciekłam?

Paryż, miasto mody?

Włochy, kraj namiętności?

Nowy Jork, gdzie mieszka mój syn?

Cardiff, w którym ostatnio mieszkałam?

Wiedeń, moje nowe miasto rodzinne?

„Dom jest wszędzie; cały świat jest moim domem". Łatwo to powiedzieć. Istnieje jednak niepodważalna prawda, że każde drzewo musi mieć korzenie.

Na chwilę zamknęłam oczy. Przytłoczyło mnie poczucie bezdomności. Byłam bliska płaczu i z trudem walczyłam ze łzami napływającymi do oczu. „Waris – powiedziałam sobie – zaledwie przed sekundą zdawało ci się, że jesteś w siódmym niebie, a teraz czujesz się tak przygnębiona".

Pomyślałam o byłym prezydencie Stanów Zjednoczonych, Billu Clintonie. Spotkałam go na wielkiej konferencji w Pradze, gdzie przebywał w charakterze gościa specjalnego. Zaprosił mnie prezydent Czech, Vaclav Havel, którego miałam zaszczyt poznać przy innej okazji.

Tamtego wieczoru jadłam kolację w towarzystwie Billa Clintona. Opowiadałam mu o swojej pracy, a wszyscy obecni przysłuchiwali się z uwagą. Byli przekonani, że należy dołożyć wszelkich starań, by przeciwstawić się okaleczaniu narządów płciowych kobiet. Bill Clinton wywarł na mnie inne wrażenie, niż zazwyczaj można odnieść, rozmawiając z głowami państw. Był zabawny i wykazywał prawdziwe zainteresowanie ludźmi. Ciekawiły go ich życiowe doświadczenia.

Po kolacji zostałam odwieziona do hotelu, w którym mieszkałam. Czułam się podekscytowana – no cóż, nie każdego wieczoru jada się kolację z amerykańskim prezydentem, prawda? Przez znaczną część nocy niepokoiła mnie jeszcze inna kwestia. Wciąż prześladowało mnie jedno pytanie, które zadano mi tego wieczoru:

– Jak pani sądzi, pani Dirie, do jakiego kraju pani należy? Czy czuje się pani Amerykanką, Brytyjką, Austriaczką, Afrykanką czy Somalijką?

Próbowałam uniknąć bezpośredniej odpowiedzi i podsumowałam to w następujący sposób:

– Sądzę, że jestem kosmopolitką. Czuję się jak w domu w każdym miejscu na świecie. Jestem pewna, że znacie tę piosenkę: *Tata był Rolling Stone (dosłownie – toczącym się kamieniem), jego dom znajdował się wszędzie, gdziekolwiek przyłożył głowę*, prawda?

Wszyscy śmiali się z mojego komentarza. Ja też. Kosztowało mnie to jednak wiele wysiłku, ponieważ – w głębi – naprawdę nie czułam się szczęśliwa.

„Gdzie przynależę?".
„Gdzie chciałabym żyć?".
„Gdzie znajduje się mój dom?".

Prawda jest taka, że nie potrafię odpowiedzieć sobie na te pytania.

Jestem koczowniczką. Nie przemieszczam się jednak z miejsca na miejsce dla zabawy ani dlatego, że tego pragnę.

* * *

Mamo, ilekroć jestem w Europie albo w Stanach Zjednoczonych, marzę o tym, żeby wrócić i zamieszkać w Afryce. Tęsknię za dzieciństwem, bezkresem pustyni, jasnym niebem pełnym gwiazd w nocy, tamtejszymi kolorami i zapachami. Kiedy leżę sama w łóżku, nieraz czuję, jak serce mi krwawi z tęsknoty za krajem.

A jednak gdy przyjeżdżam do Afryki, tęsknię za europejskimi przyjaciółmi, za synem Aleeke i za moim życiem w Europie. Tak właśnie teraz się czuję. Jestem i na zawsze pozostanę koczowniczką.

Mamo, kiedy zadaję sobie pytanie, gdzie przynależę, nie mogę znaleźć odpowiedzi. Widzę po prostu czarną dziurę, wielką pustkę. Bardzo pragnęłabym zjednoczyć dla siebie te dwa światy, ale nie wiem, jak miałabym tego dokonać. Czuję się bezdomna i pozbawiona korzeni.

Kiedy rozpoczęłam kampanię skierowaną przeciwko okaleczaniu żeńskich narządów płciowych, wiele kobiet i mężczyzn z Afryki zarzucało mi zdradę afrykańskich tradycji i naszej kultury. Bardzo mnie to bolało. Ostatnią rzeczą, jaką chciałabym zrobić, to zdradzić naszą kulturę. Nie mam najmniejszego zamiaru sprzeniewierzyć się naszej ojczyźnie. Nie chcę być uznawana za zdrajczynię. Pragnę, by Afryka stała się bezpiecznym miejscem dla wszystkich dzieci, miejscem, w którym narządy płciowe dziewczynek nie będą już dłużej poddawane okaleczaniu. Małe Afrykanki nie musiałyby wówczas przeżywać głębokiego urazu. Nie powinny znosić takich cierpień, jakie stały się moim udziałem.

Długo płakałam tej nocy w Pradze, Mamo. Nie mogłam zasnąć. Bawiłam się pilotem, zmieniając telewizyjne programy jedynie po to, by oderwać się od ponurych rozważań. W pewnym momencie usiadłam przy biurku i próbowałam ubrać myśli w słowa, ale potrafiłam tylko nabazgrać jakieś bezsensowne zdania. Stanęłam przy oknie i obserwowałam morze świateł miasta. Chciałam, żeby wkrótce zaczął się dzień, żeby wzeszło słońce. Czułam się najbardziej samotną osobą na ziemi.

* * *

Miałam właśnie zamiar wypić łyk herbaty, kiedy usłyszałam, że dzwoni moja komórka. Siedziałam tak zatopiona w myślach, że zwróciłam na to uwagę dopiero wówczas, gdy zadzwoniła po raz drugi. Myślę, że byłam ostatnią osobą w kawiarni, która usłyszała telefon. Odnosiłam wrażenie, że wszyscy się we mnie wpatrują. Szybko nacisnęłam zielony guzik i powiedziałam: „Waris Dirie".

Początkowo na drugim końcu linii słyszałam jedynie szum. Potem dotarł do mnie głos, który brzmiał niewyraźnie. Dopiero po chwili uzmysłowiłam sobie, z kim rozmawiam. Był to mój brat Mohammed.

– Mama jest bardzo chora – powiedział zaniepokojonym głosem. – Strasznie cierpi. Nikt nie może jej pomóc.

Rozmawiałam z nim przez pewien czas, zanim zdałam sobie sprawę, jak bardzo sprawa jest poważna. Mówienie o bólu, cierpieniu i śmierci to dla Somalijczyka chleb powszedni. Jest jednak różnica, kiedy mówisz o własnej matce.

Mohammed mieszka z rodziną w Wielkiej Brytanii. Rzadko się widujemy i rzadko rozmawiamy. Ilekroć opowiadamy sobie o domu lub rodzinie, zawsze nasze wspomnienia dotykają wszechobecnej śmierci.

– Pamiętasz chłopca, który bawił się u wodopoju?
– Zabiła go przypadkowa kula.
– A co się dzieje z jego siostrą?
– Utonęła w łodzi wypełnionej uchodźcami, która wywróciła się dnem do góry.
– A co słychać u naszego sąsiada?
– Zmarł na AIDS.

Śmierć i Afryka, Afryka i śmierć – wydają się nierozerwalnie związane.

Jednak w mgnieniu oka wszystko się zmieniło. Tym razem to moja matka była chora. Kiedy zadzwonił Mohammed, przypomniałam sobie od razu opowieść o drzewie i księżycu, którą matka opowiadała nam, gdy byłam dzieckiem. Mówiła: „My, Somalijczycy, wierzymy, że na księżycu znajduje się drzewo życia. Kiedy twój liść opada, przyłączasz się do Allaha w rajskim ogrodzie".

Nie chciałabym, żeby twój liść opadł, ani wówczas, ani teraz. Jeszcze przez bardzo długi czas powinien się mocno trzymać gałęzi księżycowego drzewa życia.

Mohammed jest silnym mężczyzną. Widziałam go oczami wyobraźni. Ma metr dziewięćdziesiąt wzrostu, czarne włosy, kanciastą twarz i stanowczy wzrok. Wzbudza szacunek, gdy widzi się go na ulicy. Nikt jednak nie zdaje sobie sprawy, jak wygląda jego wnętrze. Mój brat sprawia wrażenie potężnego mężczyzny, ale nikt nie wie o torturach, jakie musiał przejść. Był w Somalii jednym z dzieci-żołnierzy. Udało mu się jednak uciec z kraju w czasie wojny domowej. Niemniej blizny, które wojna pozostawiła na jego ciele i duszy, nie znikły po dziś dzień. Był również w więzieniu, gdzie zakuto go w kajdany i torturowano przez całe tygodnie. Jeszcze dziś widać szramy, które łańcuchy pozostawiły na rękach i nogach mego brata. Z twarzy i oczu Mohammeda łatwo odczytać opowieść o jego życiu. Wstrząs psychiczny, który przeżył, będąc dzieckiem--żołnierzem, wciąż widać na jego obliczu. Nigdy nie mówi o swoich bolesnych doświadczeniach. Następne zdanie, które powiedział, przerwało moje myśli. W jego głosie wyczuwałam wyraźny niepokój.

– *Nihyea,* kobieto. Musisz sprowadzić ją do Europy. Mama potrzebuje natychmiastowej medycznej pomocy, a ty jesteś jedyną osobą, która może jej pomóc.

To typowe dla mojego brata. Wszystko, co mówi, brzmi jak oskarżenie. Stopniowo narastał we mnie gniew. Tak jakby to była moja wina, że mama jest bardzo chora. Jeżeli nawet rzadko widuję swoją rodzinę, naprawdę robię dla niej bardzo wiele. Troszczę się o nią, daję jej wszystko, co tylko mogę, posyłam pieniądze. Zbudowałam mamie w Somalii mały dom. Ilekroć czegoś potrzebuje, pilnuję, żeby to dostała. W Afryce każda rodzina oczekuje, że jej członkowie, którzy wyjadą z kraju, będą finansowo wspierać tych, którzy pozostali. Przebywający za granicą mają wręcz obowiązek pomagać reszcie rodziny. Każdy, kto coś osiągnął z dala od domu – cokolwiek by to było – musi się tym podzielić ze swoimi braćmi i siostrami. Wiem o tym i staram się szanować tę tradycję, ale nie jestem w stanie robić tego zawsze.

Mohammed mieszka ze swoją drugą żoną w Manchesterze i ma status uchodźcy.

Jest moim najstarszym bratem. Dlatego go kocham i dlatego się z nim dzielę.

Moja odpowiedź była krótka:

– Sprowadzę ją.

Miałam wrażenie, że Mohammed miał ochotę dłużej ze mną porozmawiać, ale myślami byłam już gdzie indziej.

Myślałam o mamie.

Siedziałam w wiedeńskiej kawiarni przy stole nakrytym śnieżnobiałym obrusem, trzymając w dłoni komórkę. Patrzyłam przez okno. Niebo było pokryte chmurami, wiatr niósł liście przez ulice. „Wiedeń jest wspaniałym, pełnym życia miastem – myślałam. – Za szybko robi się tu zimno. O wiele za szybko".

* * *

Kochana Mamo!
Jak długo się nie widziałyśmy? Ostatnie nasze spotkanie miało chyba miejsce dziewięć lat temu. Mieszkałam wtedy jeszcze w Nowym Jorku. Niespodziewanie wyjechałam stamtąd razem z Mohammedem, żeby Cię odwiedzić w Somalii. Później napisałam książkę o tej emocjonalnej podróży. Nosi tytuł „Córka nomadów".
Chciałam Ci wytłumaczyć, co zdarzyło się w moim życiu, jakie fakty były dla mnie ważne. Pragnęłam podzielić się z Tobą moim szczęściem i smutkami. Naprawdę, kochana Mamo, wszystko, co mi się przydarzyło, brzmi jak opowieść z bajki. Mała dziewczynka pasąca wielbłądy, która uciekła z domu, ponieważ nie chciała wyjść za mąż za starszego mężczyznę, przebyła długą drogę do domu. Długą, samotną wędrówkę przez pustynię. Spotkała po drodze głodnego lwa, a zwierzę pozwoliło jej odejść – wydaje się to cudem.
Przybyła do stolicy – Mogadiszu, a później nastąpiła pełna przygód podróż do domu wuja w Londynie, który mieszkał tam, gdy pełnił funkcję ambasadora Somalii.
Waris, kwiat pustyni, zaczęła pracować jako służąca w domu własnej rodziny. Siostra jej matki traktowała ją jak zła macocha.
Mimo wszystko w wolnym czasie nauczyła się czytać i pisać. Pewnego dnia odkrył ją fotograf. Początkowo odmawiała, ale w końcu przekonał ją, by pozwoliła mu zrobić sobie pierwsze zdjęcie. I rzeczywiście, po tym wydarzeniu, z dnia na dzień, staje się gwiazdą. Jej twarz można zobaczyć na okładkach wszystkich znanych magazynów mody na świecie.
Twoja Waris, Twoja mała dziewczynka, robi karierę jako supermodelka. Pracuje z najpiękniejszymi kobietami świata. Prawdopodobnie wyda Ci się to nieco dziwne, ale poza Afryką można zarobić dużo pieniędzy, jeżeli ubierasz się w piękne rzeczy, pozwalasz fotografom robić sobie zdjęcia i spacerujesz w tę i z powrotem po wybiegu.
To jednak wciąż nie jest prawdziwa historia Twojej małej Waris. To

tylko pewien aspekt jej życia. Tłumy ludzi, lampy błyskowe aparatów fotograficznych – wszystko to wydawało mi się bardziej przerażające niż fascynujące. Pieniądze, które zarobiłam, pomogły mi stać się niezależną, ale tak szybko, jak tylko mogłam, przestałam pracować w tym olśniewającym, lecz jednocześnie powierzchownym i pełnym ułudy biznesie. Nie chciałam być lalką, którą inni ubierają tak, jak im się podoba. Nie miałam ochoty uśmiechać się, jak za naciśnięciem guzika, przeżyć kilka szczęśliwych lat, a potem znaleźć się na bruku, ponieważ znajdą się inne, świeże twarze z Afryki. Nowa plama koloru pośród tych wszystkich bladych modelek na wybiegu.

Miałam inną wizję mojego życia, coś, w czym mogłabym się bardziej spełniać.

I znów moje przeznaczenie wysłało mnie w podróż. Tym razem była to nowa misja – miałam toczyć walkę z okaleczaniem narządów płciowych kobiet.

Moja kochana Mamo, dałabym wszystko, co mam, aby uświadomić ludziom, jak ważna jest walka przeciwko obrzezaniu kobiet. Żadna religia ani kierowanie się żadnymi zasadami nie może zmuszać ludzi, by torturowali swoje córki w imię tego okrutnego rytuału. A jednak tak się dzieje. W Afryce, w Europie, w Azji, w Australii, w Stanach Zjednoczonych i w Kanadzie. Na całym świecie. Każdego dnia. Byłam pierwszą kobietą, która publicznie poruszyła ten temat w sposób otwarty i szczery. W pewnym momencie zdałam sobie sprawę, że moje życie uległo zmianie i zyskało zupełnie inny kierunek. Wykorzystywałam sławę modelki, aby walczyć o prawa milionów innych kobiet, które padły ofiarą tej zbrodni we wczesnym dzieciństwie. Nie chciałam dłużej sama być ofiarą. Podejmowałam wiele działań, żeby uchronić inne dziewczynki przed skutkami tej straszliwej praktyki.

Nie było łatwo o tym mówić – ani wówczas, ani teraz. Ale czy to wszystko nie przypomina Ci determinacji i uporu Twojej małej Waris, Twojej dziewczynki?

Napisałam książkę „Desert Children", w której przeciwstawiałam się okaleczaniu żeńskich narządów płciowych.

Od tej pory dostaję listy od tysięcy kobiet, które zwierzają mi się, jak bardzo cierpiały z powodu okaleczenia i jak nadal się męczą. Może znajdziesz siłę, żeby pewnego dnia mnie zrozumieć. Bardzo chciałabym przeczytać Ci opowieści tych dziewcząt, abyś zrozumiała ich niekończące się cierpienia. Nie sposób zawsze zamykać oczu i udawać, że nic się nie słyszy.

Temat obrzezania kobiet tworzy między nami głęboką przepaść. Tylko raz odważyłam się wskoczyć w tę otchłań. Kiedy próbowałam Ci wyjaśnić przyczyny, dla których wygłaszam odczyty, piszę książki i kieruję stworzoną przez siebie fundacją, Ty po prostu uniosłaś ręce w geście absolutnego zdumienia i wykrzyknęłaś:

– To nasza tradycja. Nigdy więcej o tym nie mówmy!

Mamo, to zdanie uderzyło mnie jak miecz. Żadne słowa nie są w stanie oddać, jak bardzo mnie zraniło.

Nigdy nie rozumiałaś, dlaczego stwarzam problemy przez mój upór. Już kiedy byłam małym dzieckiem, karciłaś mnie za to. „Waris, zakryj nogi! To nieprzyzwoite biegać w ten sposób!". Tak brzmiały Twoje słowa za każdym razem, gdy podkasywałam sięgający do ziemi dirah po prostu po to, by nie krępował moich ruchów, kiedy biegłam.

W Somalii wiąże się przednie nogi wielbłąda, żeby nie mógł uciec. Z kobietami robią to samo, posługując się ubraniem zamiast lin.

* * *

– Kelner! Chciałabym zapłacić!

Nagle odczułam pilną potrzebę powrotu do domu. Wyszłam z kawiarni i wybiegłam na ulicę. Droga do domu, w którym mieszkałam, wydawała mi się nieskończenie długa. Nie zauważałam drzew ani pracowitych wiewiórek, ani kolorowych liści w parkach.

Kiedy zamknęłam za sobą drzwi, natychmiast zaczęłam szukać starych fotografii mamy. Chciałam znaleźć się bliżej niej, nawet jeżeli mogłam to zrobić tylko patrząc na jej zdjęcie. Ogarnął mnie dziwny niepokój, którego przedtem nie odczuwałam. Nie byłam w stanie nawet przez chwilę spokojnie ustać w miejscu. Zaczęłam biegać po mieszkaniu w tę i z powrotem, tak jak robią to w zoo niedźwiedzie polarne i wilki. Następne godziny spędziłam, porządkując listy, sprzątając mieszkanie, układając w sterty talerze, przekładając ubrania w szafie i ścierając kurze, jakby za minutę mama miała złożyć mi wizytę, żeby sprawdzić, czy jestem dobrą panią domu, czy też nie.

Kiedy poczułam się zmęczona, dostrzegłam absurdalność swoich działań. Usiadłam na podłodze, usiłując się uspokoić i uporządkować targające mną uczucia. Powtarzałam sobie głośno: „Waris, musisz się wyciszyć! Powinnaś znów zacząć myśleć jasno i być silna!". Telefon od Mohammeda poruszył mnie bardziej, niż mogłam się tego spodziewać. Wprawdzie sama myśl o tym, że znów zobaczę matkę, napawała mnie szczęściem, lecz jednocześnie budziła zaniepokojenie. Przez lata tęskniłam za rozmową z nią i wyjaśnieniem różnych spraw. Teraz los oferował mi taką możliwość. Postanowiłam skorzystać z nadarzającej się okazji.

„Tym razem mnie wysłucha" – powtarzałam sobie w myślach.

Nie wiedziałam, co robić. Nie miałam pojęcia, jaki będzie mój następny krok. Było tak wiele pytań, które wciąż pozostawały bez odpowiedzi.

„W jaki sposób zdobędę dokumenty, których potrzebuję dla matki? Jak sprowadzę ją z Somalii do Austrii? Jak znajdę lekarzy, którzy będą mogli jej pomóc?".

Kiedy zastanawiałam się nad możliwymi rozwiązaniami, zadzwonił telefon.

2

Mamo, przyjeżdżam po ciebie!

Czwarty rząd, miejsce przy oknie. Przywieram głową do szyby i wpatruję się w rozciągający się za nią widok. Mam wrażenie, że na zewnątrz jest bardzo zimno. Rozsiadam się wygodnie w fotelu.

W powietrzu wciąż słychać ciche buczenie silników boeinga, jednak po pewnym czasie pasażerowie nie zwracają już na to uwagi.

Mniej więcej przed kwadransem wystartowaliśmy z lotniska Wiedeń-Schwechat. Kiedy samolot znajdował się jeszcze na płycie, pilot podał komunikat w dwóch językach, których nie rozumiałam. Udało mi się jedynie wyłowić pojedyncze słowa, takie jak „czas lotu" i „trasa", ale informacje te szczególnie mnie nie interesowały.

Po starcie samolot zatoczył łuk, po czym zaczął się wznosić. Przebiliśmy się przez chmury i po pewnym czasie maszyna znalazła się w pozycji horyzontalnej. Osiągnęliśmy planowaną wysokość. Teraz samolot zmierzał w kierunku Abu Zabi, dokąd mieliśmy dotrzeć w ciągu ośmiu godzin. Tam zamierza spotkać się z matką.

Nagle nad moim fotelem coś zadźwięczało. Zniknął napis informujący, że powinnam zapiąć pasy. Wszyscy stewardzi i stewardesy jednocześnie wstali z miejsc, zupełnie jakby otrzymali rozkaz od tajnej jednostki do zadań specjalnych. Przyszło mi na myśl, że przypominają biegaczy gotowych do startu na sto metrów. Wydało mi się to zabawne.

Nieco później w kabinie pasażerów rozszedł się zapach jedzenia. Do moich uszu dobiegały odgłosy nadjeżdżających wózków na kółkach. Gdyby ktoś chciał wyjść w tym momencie do toalety, miałby problem.

Ponownie wyjrzałam przez okno. Pode mną rozciągała się Austria, cała w pomarańczowych, jesiennych kolorach. Przypominała szachownicę składającą się z pól, jezior i lasów, zanim znów zakryły ją chmury.

Myślałam o kilku ostatnich dniach i sprawach, które musiałam załatwić przed podróżą. Przypomniałam sobie telefon od Mohammeda. Rozmowa ta uruchomiła cały ciąg zdarzeń. Pamiętałam dręczący mnie niepokój. Spędzałam całe godziny, spacerując po mieszkaniu w tę i z powrotem, zanim zdołałam się uspokoić. Zebrałam w końcu myśli, aby rozpocząć realizację planów na najbliższą przyszłość. Zaczęłam czynić przygotowania do sprowadzenia matki do Wiednia. Byłam przekonana, że lekarze będą mogli jej pomóc.

W pewnej chwili w mieszkaniu zadzwonił telefon. To był Walter. Walter i ja spotkaliśmy się zupełnie przypadkiem. Bóg tylko wie, jak to się stało, że pojawił się w moim życiu w odpowiednim momencie. Łączy nas ze sobą coś w rodzaju magicznej więzi. Walter stał się moim najlepszym przyjacielem, menadżerem, mentorem i drugim ojcem. Jest mężczyzną w średnim wieku, ma mniej więcej metr siedemdziesiąt pięć centymetrów wzrostu. Od razu rzuca się w oczy jego specyficzne uczesanie – kręcone włosy koloru pustynnego piasku, które przypominają poświatę księżyca. Kępki włosów po obu stronach głowy przywodzą na myśl małe krzaczki, które nie zdążyły jeszcze dostatecznie urosnąć. Walter jest osobą bardzo pogodną, zawsze promienną i uśmiechniętą. Od kilku lat pełni funkcję mego menadżera, jak również prowadzi założoną przeze mnie fundację, wraz z Joanną, piastującą stanowisko wiceprezesa. W Joannie znalazłam swoją drugą połówkę. Urodziła się i wychowała w Polsce, ma męża i przystojnego syna. Jest życzliwą, uczciwą, inteligentną i piękną kobietą. Czuję wdzięczność wobec losu, że pozwolił mi spotkać na swojej drodze tak wspaniałych ludzi. Przekazałam Walterowi i Joannie nowe wieści.

Walter słuchał mnie z wielką uwagą i zainteresowaniem. Zdawał sobie sprawę, jak bardzo jestem zmartwiona. Doszedł do wniosku, że nie ma sensu zadawać wielu pytań. Nie widział potrzeby, by natychmiast zaczynać planowanie podróży.

– Zgoda. Sprowadzimy twoją matkę – powiedział w końcu.
– Nie, to ja ją sprowadzę – odparłam bez wahania.

Po tej rozmowie nie miałam innego wyboru, jak spakować walizkę.

Przez wiele lat błagałam matkę o zgodę na to, bym urządziła jej wygodne życie w dowolnym zakątku świata.

Zdawałam sobie sprawę, że przyjazd do Somalii będzie dla mnie niebezpieczny. Niejednokrotnie grozili mi religijni fanatycy, którzy bezprawnie określają siebie mianem prawowiernych muzułmanów. Przesyłali na mój adres maile, listy lub telefonowali. Niemniej jednak zdecydowałam, że polecę do matki. W 1995 roku spotkałam się z nią w Galadi, w obozie dla uchodźców blisko granicy somalijskiej. Zachowały się zdjęcia z tego spotkania. Obejmuję matkę z miłością, ale ona ma ponurą minę. Z pewnością było jej trudno przytulić się do córki w obecności tak wielu osób. Nie jest tak jak ja przyzwyczajona do błyskających fleszy.

Matka i córka połączone w Afryce. Kiedy zasypiałam, stawał mi przed oczyma ten przyjemny obrazek.

– Co powinnam uczynić, by moja matka wydostała się z Somalii?
Siedziałam w naszym biurze. Mieści się ono w wysokim, szklanym budynku w centrum Wiednia na jednym z górnych pięter. Znajduje się tu również siedziba mojej fundacji. Walter wynajął na ten cel mały pokój. Tego ranka był tam, jak zawsze z telefonem komórkowym w dłoni, rozmawiając z Bogiem i ze światem.

Początkowo odniosłam wrażenie, że mnie nie słucha, ale od razu odpowiedział na moje pytanie.

– W jaki sposób będzie można sprowadzić twoją mamę z Somalii? Teraz się tym nie martw.

Patrzyłam na niego, nie rozumiejąc ani słowa z tego, co mówił.

– Waris, chyba zdajesz sobie sprawę, że nie możesz wrócić do Somalii. To dla ciebie zbyt niebezpieczne.

W końcu musiałam przyznać mu rację. Podczas wielu wywiadów i konferencji mówiłam otwarcie o problemach, z jakimi boryka się moja ojczyzna. Zwracałam uwagę na bolesne zagadnienia wymagające pilnych rozwiązań i wciąż opowiadałam o okaleczaniu narządów płciowych kobiet, które odbywa się w Somalii. Krytykowałam również błędne zwyczaje religijne i sposób życia Afrykanów, zawsze oczekujących na pomoc Zachodu i niedostatecznie ufnych we własne siły, by wziąć sprawy w swoje ręce. Wyrażając tego typu opinie, pośrednio oskarżałam wiele osób.

– Zgoda – powiedziałam do Waltera. – Pozwól mi zatem przynajmniej przywitać matkę gdzieś po drodze. Proszę cię, dopilnuj, żeby mogła wydostać się z Somalii i dostała wizę wjazdową do Austrii. Spotkam się z nią w Abu Zabi, a potem przywiozę ją do Wiednia i wszystko będzie dobrze. Kiedy opuściłam biuro, czułam się bardzo poruszona. Po tak wielu latach miałam znów zobaczyć matkę.

Wracałam przez przedmieścia do domu. Temperatura znów stała się znośna i świeciło słońce, co było rzadkim zjawiskiem o tej porze roku. Postanowiłam tym razem pójść inną drogą, zawróciłam więc i zrobiłam sobie spacer brzegiem Dunaju. Na kotwicy stały płaskie, pokryte rdzą statki transportowe. Na pokładzie jednego z nich mężczyzna przygotowywał sobie obiad. Ze względu na piękną, słoneczną pogodę pozostawił wszystkie okna kuchni pokładowej otwarte. Sądząc po fladze, statek ten musiał przebyć szmat drogi z Morza Czarnego do Wiednia. „Jaka długa podróż" – pomyślałam. Przede mną była perspektywa podobnej podróży. Przygotowania do niej były trudne; Waltera i Joannę czekała w związku z tym intensywna praca. Nie potrafię zrozumieć, dlaczego niektórzy ludzie stwarzają osobom pragnącym zobaczyć swoich bliskich tak wielkie trudności w podróżowaniu. Walter i Joanna musieli załatwić niezliczoną ilość dokumentów – nie tylko dla mojej matki, ale również dla mnie. Może się to wydawać niewiarygodne, ale kiedy Mohammed do mnie zadzwonił, nie miałam nawet paszportu! Nie posiadałam żadnego dokumentu, który dałby mi możliwość podróżowania bez wizy z jednego kraju do drugiego. Chociaż mieszkałam w Europie i Ameryce już od dwudziestu pięciu lat, wciąż byłam traktowana jak somalijski uchodźca.

Uważałam, że tego typu traktowanie jest upokarzające. W tym okresie pełniłam funkcję nie tylko specjalnego ambasadora Narodów Zjednoczonych, ale też ambasadora wielu innych międzynarodowych organizacji. Niemniej jednak potrzebowałam wizy do każdego kraju, na każde wydarzenie i każde zaproszenie, które przyjęłam. Było to poniżające i absurdalne. Ambasador Narodów Zjednoczonych, Waris Dirie, jest zapraszana do tych wszystkich miejsc na świecie, ale nikt nie interesuje się faktem, w jaki sposób udało jej się do nich dotrzeć. Żaden polityk ani organizacja nie mogli mi wydać dokumentów, których potrzebowałam, by swobodnie, bez żadnych trudności poruszać się po świecie.

Pewnego razu spotkałam w Wiedniu Madeleine Albright. Swego czasu pełniła ona funkcję sekretarza stanu, czyli ministra spraw zagranicznych Stanów Zjednoczonych, i nadal jest bardzo ważną i wpływową osobą. Przyjechała do Wiednia na promocję swoich pamiętników. Kiedy mnie zobaczyła, podeszła i uścisnęła pośród niezliczonych kamer.

– Spójrzcie, to jest Waris Dirie – zawołała do zgromadzonych wokół ludzi. – Napisała książki, które są o wiele ważniejsze niż moje.

– Jednakże nawet ona nie mogła mi pomóc w zdobyciu paszportu.

Ale to już przeszłość. Niedługo przed wylotem do Abu Zabi dostałam paszport. Po wielu latach przyznano mi w końcu austriackie obywatelstwo i od tej pory mogę z dumą okazywać wszędzie swój europejski dokument. Przestałam korzystać ze statusu uchodźcy. Umożliwił to Erwin Pröll, gubernator największego kraju związkowego – Dolnej Austrii. Niekiedy myślę o tych wszystkich ludziach, których regularnie spotykałam podczas moich podróży na konferencje. Są wpływowymi osobami, ale żadna z nich nie zadała sobie trudu, by mi pomóc. Sekretarz generalny Narodów Zjednoczonych, głowy państw, ministrowie spraw zagranicznych – wszyscy podkreślali znaczenie mojej pracy i przyznawali mi nagrody, ale nikt nie chciał mnie wesprzeć, kiedy prosiłam o pomoc we własnym imieniu.

Austriackie Ministerstwo Spraw Wewnętrznych interweniowało w sprawie wydania wizy mojej matce, toteż formalności szybko posuwały się do przodu. Urzędnicy państwowi skontaktowali się z austriacką ambasadą w Abu Zabi i pomogli nam w załatwieniu wszystkich oficjalnych dokumentów.

Powoli zaczynałam się niepokoić czekającym mnie trudnym zadaniem. Ogarniał mnie lęk na myśl o tym, że podczas przewożenia matki z Somalii może się coś wydarzyć. Niewiele też wiedziałam o jej chorobie. Najbardziej jednak przerażało mnie co innego – obawiałam się spotkania po tak wielu latach. Zadawałam sobie pytanie, czy tym razem będziemy umiały nawiązać ze sobą kontakt.

Przed wyjazdem jeszcze raz zadzwonił do mnie Mohammed.

– Waris, wyjazd do Somalii i próba wydostania z kraju matki jest dla ciebie zbyt niebezpiecznym przedsięwzięciem. Posłuchaj mnie, chociaż raz w życiu!

Zgodziłam się z nim, ale w głębi duszy podjęłam już decyzję. Postanowiłam pojechać do Emiratów Arabskich i towarzyszyć matce w dalszej podróży.

W ciągu następnych dni organizowaliśmy właściwy sposób transportu. Pomogli nam niektórzy przyjaciele i krewni. Moja siostra Fartun mieszkała w pobliżu lotniska w Abu Zabi. Ona i przyjaciel Mohammeda mieli załatwić potrzebne formalności. Postanowili umieścić matkę w małym samolocie obsługującym linię między Galkayo a Mogadiszu. Kiedy tylko wysłałam pieniądze na pokrycie kosztów związanych z podróżą, wszystko przebiegło doskonale.

Matkę miał zabrać z Mogadiszu mój kuzyn Hasan, którego wówczas jeszcze nie znałam. Jego zadanie polegało na wsadzeniu jej do samolotu, którym miała opuścić terytorium Somalii. W Abu Zabi będę w końcu mogła uściskać dawno niewidzianą mamę.

Podczas rozmowy telefonicznej z bratem odniosłam wrażenie, że cały świat wie o moich planach. Mieszkańcy wioski, w której zbudowałam dla niej dom, znali wszystkie szczegóły na długo, zanim opuściłam lotnisko w Wiedniu, wyruszając do Abu Zabi. „Waris wraca i zawiezie swoją mamę do Europy, gdzie biali lekarze ją wyleczą". Wieści rozprzestrzeniały się po pustyni błyskawicznie.

Po niemal ośmiogodzinnym locie dotarłam na miejsce. Kołysanie samolotu i monotonny szum silników sprawiły, że zasnęłam. Obudził mnie głośny komunikat pilota. Poinformował nas o zbliżającym się lądowaniu i o panujących na zewnątrz warunkach atmosferycznych. Po pewnym czasie wylądowaliśmy na międzynarodowym lotnisku w Abu Zabi. Miałam ze sobą niewiele bagażu, toteż od razu przeszłam do hali przylotów, gdzie powitali mnie przyjaciele Mohammeda. Kobieta i mężczyzna, prawdopodobnie małżeństwo, trzymali tabliczkę, na której widniało wypisane wielkimi literami słowo „Waris"; narysowali też na niej pustynny kwiat. Sposób przywitania bardzo mi się spodobał.

Nie miałam dobrych wspomnień związanych z tym lotniskiem. Tutejsze służby graniczne nie pozwoliły mi kiedyś przejść przez odprawę, co umożliwiłoby mi zobaczenie się z siostrą. Musiałam wrócić do Nowego Jorku jedynie po to, by otrzymać wizę, ale ostatecznie i tak nie zostałam wpuszczona na terytorium tego kraju.

Tym razem pokazałam im po prostu mój austriacki paszport i wszystko przebiegło gładko.

Witająca mnie sympatyczna para to pogodna kobieta i mężczyzna, którego trudno byłoby zauważyć w tłumie. Miał mały wąs, białą koszulę i nosił okulary. Parze towarzyszyła czwórka dzieci. Przywitali mnie tak miło i ciepło, że od razu poczułam, iż mogę na nich liczyć. Później dowiedziałam się, że Dirhan, głowa rodziny, poznał mego brata podczas toczącej się w Somalii wojny domowej. Siedzieli w więzieniu w jednej celi. Dirhan nie chciał pojechać do Europy. Znalazł pracę w Zjednoczonych Emiratach Arabskich. Zatrudnił się w pralni jednego z imponujących hoteli. Rzadko się zdarza, żeby muzułmanin wykonywał typowo kobiece zajęcie. Jednak z biegiem czasu udało mu się awansować na stanowisko kierownika działu. Być może właśnie dlatego tak bardzo lubił białe koszule.

– Najważniejszą rzeczą jest mieć pracę, aby zapewnić rodzinie utrzymanie. Dopiero później, w drugiej kolejności, można wziąć sobie do serca religijne nauczanie imamów – powiedział.

Byłam zdziwiona, ponieważ nieczęsto słyszy się takie słowa od muzułmanina.

Lotnisko stolicy Zjednoczonych Emiratów Arabskich znajduje się około trzydziestu kilometrów od miasta, na stałym lądzie, tuż obok autostrady pomiędzy Abu Zabi a Dubajem. Kiedy opuściliśmy klimatyzowany budynek, okazało się, że na zewnątrz panuje upał. Zapomniałam, że temperatura w tym kraju dochodzi w listopadzie do trzydziestu stopni Celsjusza. Szybko wsiadłam do samochodu Dirhana. Ku memu wielkiemu zadowoleniu samochód miał klimatyzację. Jechaliśmy czteropasmową drogą do miasta. Zdumiały mnie rosnące wzdłuż niej palmy daktylowe i niezliczone krzewy, które sprawiały, że w krajobrazie dominował kolor zielony. Skąd czerpano wodę, aby to wszystko podtrzymać?

– Oczyszczalnie zamieniają wodę morską w wodę pitną – wyjaśnił Dirhan.

Emiraty są pustynnym krajem, z wyjątkiem miast, które znajdują się na wąskim pasie stałego lądu. W ostatnich latach liczba oczyszczalni znacznie wzrosła. Mieszkańcy martwią się jednak stężeniem soli w Zatoce Perskiej, które w następnej dekadzie może zwiększyć się do tego stopnia, że uzyskanie wody pitnej nie będzie możliwe.

Cudzoziemcy nie rzucają się w oczy, gdyż osiemdziesiąt procent ludności kraju pochodzi z innych kontynentów. Przyjeżdżają tu, próbując wykorzystać sytuację gospodarczą i zdobyć pieniądze, które właściwie leżą na ulicy. Zjednoczone Emiraty Arabskie mają nieprawdopodobne ilości paliwa i ropy. Afrykanie są tu mile widziani w charakterze robotników, ale jako osoby nie cieszą się zaufaniem.

Dirhan zabrał mnie do mojej siostry, Fartun. Przyjęła mnie bardzo serdecznie i wkrótce zaczęłyśmy rozmawiać o matce.
— Jak się czuje? Co jej dolega? Gdzie teraz jest? — bombardowałam Fartun pytaniami, a ona patrzyła na mnie ze smutkiem.
— Wiem tylko, że matce dokucza bardzo silny ból brzucha. Wydaje się, że nikt nie potrafi jej pomóc. Może tylko leżeć w łóżku. Ma trudności z jedzeniem. Bardzo mnie to martwi.
— Zabierzemy ją z Somalii, a w Wiedniu znajdziemy dla niej dobrego lekarza. Wszystko będzie dobrze.
Płakałyśmy, tuląc się do siebie.
Kiedy usiadłyśmy do herbaty, zjawił się pewien mężczyzna. Został mi przedstawiony jako mój kuzyn Hasan. Był naprawdę miłym i otwartym Somalijczykiem. Miał około dwudziestu pięciu lat. Nic nie mówił, ale przytakiwał Dirhanowi.
— Hasan przywiezie twoją matkę z Somalii — powiedział Dirhan — ponieważ wie, jak się tam poruszać.
Głos Dirhana był bardzo ciepły. Już na lotnisku odniosłam wrażenie, że mogę mu ufać.
— Somalia jest bardzo niebezpiecznym, pozbawionym rządu krajem, w którym panuje bezprawie. Dużo się jednak zmieniło — wyjaśniał Dirhan.
— Co na przykład? — zapytałam.
— Czy widziałaś film *Helikopter w ogniu*?
Słyszałam o tym filmie. O ile dobrze pamiętałam, opowiadał o krwawych walkach w centrum Mogadiszu w 1993 roku. Somalijscy partyzanci walczyli z amerykańskimi żołnierzami. Była to brutalna walka, w której śmierć poniosły setki ludzi. Fotografie dwóch nagich amerykańskich żołnierzy, których wleczono po ulicach Mogadiszu, obiegły cały świat. Zdjęcia te stały się powodem, dla którego Stany Zjednoczone, a nieco później Organizacja Narodów Zjednoczonych nie zrealizowały swego celu — przekształcenia Somalii na wzór zachodniego modelu państwa. Oddziały amerykańskie i ONZ opuściły kraj, po czym władzę przejęli lokalni watażkowie. Wojna domowa toczyła się dalej.
— Z zasady nie oglądam filmów wojennych, a tym bardziej, kiedy ich akcja toczy się w mojej ojczyźnie — odpowiedziałam.
— Sprawy już tak nie wyglądają — powiedział Dirhan spokojnym głosem. — Zakrwawieni partyzanci istnieją jedynie na filmie. Nie znaczy

to, że nie dzieje się nic złego, ale ludzie w Mogadiszu prowadzą teraz stosunkowo normalne życie.

– Co chcesz przez to powiedzieć? – przerwałam mu.

– No cóż, w Mogadiszu kwitnie handel, są kafejki internetowe, sklepy z telefonami komórkowymi, a nawet fabryka coca-coli. Elektrownie dostarczają prąd, dzięki czemu działa kilka kanałów telewizyjnych i telekomunikacja. Są setki szkół, w których młodzi mężczyźni mogą się uczyć angielskiego, matematyki i obsługi komputera. Jest nawet kilka szkół dla dziewcząt.

Dirhan zauważył moje zdumienie i niedowierzanie. Próbował zatem wyjaśnić mi to szerzej.

– Może się to wydawać nieprawdopodobne, ale niemal każdy mieszkaniec Mogadiszu ma telefon komórkowy.

– Nieustannie słyszę o głodzie w Somali, a ty mówisz, że każdy Somalijczyk ma komórkę?

Spojrzał na mnie z dezaprobatą.

– Opowiadam o Mogadiszu. W stolicy nie ma głodu. Nie spowodowała go nawet panująca w kraju susza. Głód jest problemem na obszarach, gdzie koczownicy i rolnicy czekają na pomoc Zachodu. Nauczyli się, że nie ma sensu uprawiać ziemi czy zajmować się stadami. Wolą udać się do punktów pomocy, w których mogą otrzymać żywność pochodzącą z zagranicy.

Nie mogłam uwierzyć własnym uszom. Potwierdzało się tylko to, co zawsze mówiłam: „Przestańcie zrzucać worki z ryżem na ziemie zamieszkane przez moich afrykańskich braci i siostry, ale pozwólcie im stanąć na nogi. Afryka potrzebuje nowego ducha. Musi się nauczyć, w jaki sposób może sama utrzymać się przy życiu".

– Przez tysiące lat wiedzieliśmy, że musimy przygotować się na susze. Nauczyliśmy się robić zapasy na ciężkie czasy. W rejonach, gdzie pomoc zagraniczna nie może dotrzeć ze względów bezpieczeństwa, głównie z powodu porwań i okradania transportów przez oddziały lokalnych watażków, w tych miejscach ludzie nadal potrafią polegać sami na sobie – powiedział Dirhan. – Tsunami było dla Somalii znacznie gorsze niż susza, spowodowało setki ofiar śmiertelnych. Podobne szkody wyrządza międzynarodowa mafia od odpadów, która pozbywa się najbardziej toksycznych śmieci na somalijskim wybrzeżu.

Długo już rozmawialiśmy, a ja wciąż miałam pytania. Dirhan odpowiadał na nie tak wyczerpująco, jak tylko mógł. W pewnym momencie poczułam się naprawdę zmęczona. Wcześnie położyłam się do łóżka, ale długo nie mogłam zasnąć. Jutro Hasan miał wyruszyć w daleką podróż, z której przywiezie mi matkę. Na myśl o tym, że ponownie ją zobaczę, czułam się naprawdę szczęśliwa, ale jednocześnie pełna niekończących się obaw.

* * *

Mamo, podczas pierwszej nocy w Abu Zabi nie spałam przez wiele godzin. Przewracałam się z boku na bok i nie mogłam zasnąć. Nie chodziło nawet o to, że byłam bardzo zmęczona lotem, upałem i rozmową z moimi krewnymi. Głowę wciąż wypełniały mi myśli, które zakłócały spokój. Znów znajdowałam się w pobliżu Afryki, kontynentu moich braci i sióstr. Odczuwałam jednocześnie ból i radość. Przypominałam sobie rodzinny dom i dzieciństwo spędzone na pustyni. Zastanawiałam się, jak mogłoby wyglądać moje życie, gdybym stąd nie uciekła.

Urodziłam się w tym zakątku ziemi, spędziłam tutaj całe dzieciństwo, ale opuściłam rodzinne strony. Kocham Afrykę, jej słońce, wzgórza i ludzi. Jednocześnie nienawidzę jej ze względu na panującą tu przemoc i krzywdzące ludzi zwyczaje religijne. Cierpię, gdy widzę ustawicznie wznawiane wojny, sprzyjające rozkradaniu bogactw naturalnych, na których korzystają osoby zamożne, a nie potrzebujące wsparcia. Buntuję się, gdy obserwuję, jak kreatywność, pasje i talenty są marnowane niczym woda wsiąkająca w ziemię podczas suchej pory roku.

Nic nie uczyniłoby mnie tak szczęśliwą, jak nowa, silna i dumna Afryka.

Myślałam o moim synu Aleeke, Twoim wnuku, i o naszych spokojnych, cudownych wakacjach w meksykańskim słońcu. Twój wnuk jest naprawdę dojrzały na swój wiek, Mamo. Zachowuje się zawsze jak mój opiekun. Przywiózł do Meksyku swoją amerykańską babcię. Po raz pierwszy w życiu leciała wówczas samolotem. Spędziliśmy cały dzień na plaży, ciesząc się z miłej okazji wspólnego wypoczynku.

Pewnego dnia dostałam telefon z mojego biura w Wiedniu. Rozmowa ta pobudziła mnie do wielu rozmyślań. Walter powiedział mi, że w Berlinie i w wielu dużych miastach rozwiniętych państw świata zostaną jednocześnie zorganizowane koncerty na rzecz Afryki. Słyszałam już o tej inicjatywie z mediów. Koncerty nosiły nazwę „Live Aid". W tych wielkich muzycznych występach miało wziąć udział wiele amerykańskich, brytyjskich, niemieckich i innych gwiazd muzyki pop.

Znam tego typu wydarzenia, Mamo. Organizatorzy twierdzą, że koncerty pomogą im zebrać znaczne sumy pieniędzy dla Afryki, co stanowi niewątpliwie pozytywną stronę całego przedsięwzięcia. Ale gwiazdy muzyki pop również sporo na tym zyskują. Mogą zaśpiewać swoje nowe piosenki przed milionami słuchaczy, a ludzie przypomną sobie też ich stare przeboje. Niektóre z gwiazd po takich koncertach sprzedają piętnaście razy więcej płyt z nagraniami swych utworów. To niezły interes dla wszystkich. Organizatorzy „Live Aid" popełnili jednak poważny błąd. Zapomnieli o zaproszeniu ludzi prawdziwie zainteresowanych sprawą. Walter poinformował mnie, że jeden z organizatorów zadzwonił do mego biura na dwa dni przed koncertem. Zupełnie niespodziewanie wyraził życzenie, abym wystąpiła na imprezie jako gość specjalny i główny mówca. Osoba ta wspomniała również, że chcieli zaprosić na występy więcej afrykańskich artystów. Mój udział stanowiłby ważny element całej imprezy, oni zaś obiecali zorganizować wszystko, by ściągnąć mnie do Londynu lub Berlina.

– Ależ Walterze, jestem z synem na wakacjach w Meksyku.

– Tak właśnie im powiedziałem – odparł. – Wcale ich to jednak nie zniechęciło. Zrobiliby, co tylko w ich mocy, by sprowadzić cię na tę imprezę.

Postanowiłam nie brać w niej udziału. Później usłyszałam, że organizatorzy zostali ostro skrytykowani przez media, ponieważ nie zaprosili afrykańskich artystów do udziału w koncertach na rzecz pomocy dla Afryki.

Mamo, nie zdecydowałam się na udział w imprezie, by Aleeke nie musiał przerywać zaplanowanych wakacji. Ale nie był to jedyny powód. Podobnie jak wiele razy wcześniej w moim życiu, odnosiłam wrażenie, że posługiwano się mną niczym marionetką. Nie chcę dłużej być ładną afrykańską twarzą, którą prezentuje się tłumom, żeby się na nią gapiły. Bardzo mnie zasmuciło, że organizatorzy imprez dobroczynnych dla Afryki zawsze zapominają o ludziach, których bezpośrednio dotyczą problemy tego kontynentu. Nie udzielają głosu mieszkańcom Afryki – na przykład afrykańskim artystom, intelektualistom, uczonym, dziennikarzom czy nauczycielom. A przecież mają oni wiele ważnych rzeczy do powiedzenia.

Afryka potrzebuje zwolenników, ale nie potrzebujemy nikogo, kto by mówił w naszym imieniu. My, Afrykanie, sami powinniśmy powiedzieć światu, jak wyobrażamy sobie lepszą Afrykę. Tymczasem to gwiazdy muzyki pop i politycy decydują o tym, co będzie dla nas lepsze!

Całe to wsparcie jest dla nas jednocześnie błogosławieństwem i przekleństwem.

Wszystkie projekty, a także pieniądze przeznaczone na rozwój nie zmienią struktury naszego kontynentu. Utrwalają tylko pewien sposób myślenia. „Afryka jest kontynentem, który zawsze potrzebuje pomocy".

Nie powinniśmy pozwolić, by uwierzyli, że jesteśmy nieporadni, że nie potrafimy sprawować kontroli nad własnym życiem i zawsze potrzebujemy pomocy innych. Czyż nie jest prawdą, Mamo, że wielu Afrykańczyków nie wierzy już w siebie? Czy nie straciło poczucia własnej wartości i nie zostało zmuszonych do odgrywania roli wiecznych ofiar? Wielu z nich – tak sądzę – istotnie zrezygnowało ze swych życiowych projektów. Zamiast radzić sobie ze swoimi obowiązkami, woli czekać na kolejną pomoc.

Mamo, wiesz, co mam na myśli. Jako koczownicy żyjący na pustyni, nigdy nie dostawaliśmy żadnej pomocy z innych krajów, Banku Światowego, organizacji pozarządowych czy gwiazd muzyki pop. Przez tysiąclecia przystosowaliśmy się do ciężkiego życia na pustyni. Nauczyliśmy się sztuki przetrwania w trudnym środowisku, w okresach suszy i pustynnych burz, bez oglądania się na pomoc z zewnątrz. Mamo, wielu ludzi w Afryce zapomniało o mądrości i wiedzy, w jaki sposób przetrwać na tym kontynencie. Po prostu czekają na pomoc z zagranicy. Podążając taką drogą, Afryka nigdy nie zostanie uzdrowiona. Potrzebujemy ufnych we własne siły młodych ludzi, których żywo obchodzi ich własny los oraz przeznaczenie Afryki. Powinniśmy się nauczyć, jak pomagać sobie samym i w jaki sposób się organizować, a świat musi się nauczyć nas akceptować. Afryka potrzebuje nowego ducha!

* * *

Niemal świtało, kiedy w końcu udało mi się zasnąć. Byłam zbyt zmęczona, by wstać i pożegnać się z Hasanem, który wyszedł z domu wczesnym rankiem. Słyszałam, jak pakował swoje rzeczy i jak zamykały się za nim drzwi.

Czy naprawdę czułam się zbyt zmęczona, by wstać? Może nie chciałam, żeby Hasan zobaczył łzy w moich oczach. Nie były to łzy bólu czy gniewu, ale łzy lęku.

3

Spotkanie

Zapomniałam już, jak szeroka i wielka jest moja Afryka. Kiedy lecę do Londynu, Berlina czy Paryża, mam wrażenie, jakbym dopiero co usiadła na swoim miejscu i zapięła pasy, a już w następnej chwili znajduję się u celu podróży. Tymczasem lot z Abu Zabi do Mogadiszu zajął Hasanowi około dwudziestu godzin. Musiał dwukrotnie zmieniać samolot, czekać, lecieć dalej, znów czekać i ponownie lecieć – to była niekończąca się podróż.

Kiedy obudziłam się następnego ranka, słońce znajdowało się już wysoko na niebie. Dopiero po chwili zdałam sobie sprawę, gdzie się znajduję. Podeszłam do umywalki i pozwoliłam, aby zimna woda spłynęła po mojej twarzy i szyi. To pomogło. Włożyłam bawełnianą koszulkę, dżinsy i poszłam do kuchni, gdzie czekała już na mnie uśmiechnięta Fartun. Chciałam się wytłumaczyć, dlaczego tak późno wstałam, ale nie pozwoliła mi nic powiedzieć.

– Wiem, przez co teraz przechodzisz, Waris – rzekła.

Usiadłyśmy przy stole i gawędziłyśmy przez chwilę. Nie udało nam się jednak zacząć właściwej rozmowy. Kocham siostrę, ale w tamtej chwili moje myśli krążyły wokół Hasana i matki. Wciąż patrzyłam przez okno. Czułam, jak chłód poranka stopniowo przechodzi w nieznośny upał. Kiedy byłam dzieckiem, nie zwracałam uwagi na to, jak bardzo gorąca jest Afryka. Teraz, po przylocie z jesiennego Wiednia, musiałam na nowo przyzwyczajać się do tego klimatu. Sądzę, że zdążyłam już zapomnieć wiele szczegółów życia w Afryce.

Zostałam bardzo dobrze przyjęta przez moich krewnych w Abu Zabi, ale nie czułam się naprawdę szczęśliwa. Znajdowałam się blisko ojczystego kontynentu, a jednak tak wiele rzeczy wydawało mi się bardzo dziwnych – ludzie, ich sposób życia i myślenia. Czy nie powinnam czuć się bardziej związana z tym miejscem, skoro w moich żyłach płynie afrykańska krew?

– Hasan wróci za dwa lub trzy dni – powiedziała nagle Fartun.

Wydawało się, że czyta w moich myślach i dostrzega dręczące mnie zniecierpliwienie. Od dzieciństwa nie jestem typem cierpliwej osoby. Nigdy nie lubiłam czekać na kogokolwiek lub na cokolwiek. Teraz, gdy w całym ciele odczuwałam wielkie napięcie, czas okazał się moim najgorszym wrogiem.

Hasan zadzwonił następnego dnia. Poinformował nas, że wszystko jest w jak najlepszym porządku.

– Jestem w Mogadiszu i czekam na przyjazd twojej matki.

– Jak wygląda Mogadiszu? Gdzie się zatrzymałeś? Czy jesteś bezpieczny? Czy matce nie grozi niebezpieczeństwo?

Zadawałam mu tysiące pytań.

– Czuję się świetnie – odpowiedział Hasan zmęczonym głosem – ale pomówimy o tych sprawach, gdy tylko wrócę do domu. Wtedy opowiem ci o wszystkim.

Poczułam złość na siebie, ponieważ zdałam sobie sprawę, że nie liczyłam się szczególnie z Hasanem ani z sytuacją, w jakiej się znalazł. Chciałam jedynie zaspokoić własną ciekawość. Wymamrotałam tylko przeprosiny, po czym zakończyliśmy rozmowę.

I znów musiałam czekać. Wciąż spoglądałam na zegarek, chociaż zazwyczaj nie przejmuję się za bardzo tempem upływania czasu. Gdyby zapytać przyjaciół, powiedzieliby, że moją najbardziej charakterystyczną cechą jest niepunktualność. Wielu Afrykanów przypomina mnie pod tym względem. Nasze wewnętrzne zegary pracują po prostu inaczej. Niemniej jednak sądzę, że to nie oczekiwanie doprowadzało mnie do szału; była to raczej trudna do zniesienia niepewność.

„Jak to będzie znów zobaczyć matkę? Co się wydarzy? Czy tym razem znajdziemy właściwe słowa? Czy matka będzie umiała zrozumieć moją pracę, życie, mój punkt widzenia – i czy ja będę zdolna zrozumieć jej spojrzenie na świat?".

Zaczęłam myśleć o tym, co jej powiem, kiedy się spotkamy. Postanowiłam nie poruszać od razu pewnych spraw. Lepiej poczekać na właściwy moment.

„Tylko czy zdołam zapanować nad swoją spontanicznością i targającymi mną emocjami, żeby nie zacząć od razu kłócić się z matką?".

– Już jest – usłyszałam podniecony głos Fartun, którego echo rozległo się w całym domu.

Był bardzo wczesny ranek, ale tym razem już nie spałam. Na niebie nie pojawiła się ani jedna chmurka, co zazwyczaj sygnalizuje początek wyjątkowo upalnego dnia.

– Mama przyjechała.

Kiedy wybiegłam z domu, zobaczyłam zakurzoną taksówkę, która szybko podjechała pod dom siostry. Jednak w samochodzie nie było mojej matki. Usiłowałam dostrzec jej postać przez brudne okna samochodu, ale nikogo nie zauważyłam.

Otworzyły się drzwi i z taksówki wysiadł Hasan.

– Twoja matka leży na tylnym siedzeniu. Ledwie się ocknęła i prawie na nic nie reaguje. Męczy ją silny ból.

Obeszłam wkoło samochód i usiadłam tam, gdzie przedtem siedział Hasan. Z trudem łapałam oddech. Przechowuję nasze wspólne zdjęcia, na których wyglądam jak młodsza siostra matki. Jestem dosyć wysoka jak na kobietę, mam metr siedemdziesiąt cztery wzrostu, ale ona jest ode mnie wyższa. Zawsze robiła na mnie wrażenie majestatyczność mamy. Podobał mi się jej sposób poruszania. Szła, kołysząc biodrami, jak modelka, z czego nawet nie zdawała sobie sprawy.

Ale tam, na tylnym siedzeniu, wyglądała bardzo żałośnie. Sprawiała wrażenie tak małej, wychudzonej i bezradnej, że nie mogłam się powstrzymać od płaczu. Mama leżała odwrócona bokiem. Sądzę, że w tej pozycji ból wydawał się mniej dokuczliwy. Jęczała i lamentowała. Usiadłam bardzo blisko niej i położyłam dłoń na jej ramieniu. Kiedy przyłożyłam ucho do ust matki, usłyszałam bardzo ciche „Waris".

Nie potrafiłam już dłużej panować nad sobą. Zaczęłam płakać. Łzy nieprzerwanie płynęły mi z oczu. Uczucia, które przez tak długi czas próbowałam ukrywać, nagle wybuchły. Wszystkie nasze kłótnie, problemy, różne punkty widzenia, stały się w tym momencie takie odległe. Najważniejsze było dla mnie teraz to, że znajduję się tak blisko matki, mogę ją obejmować i czuć jej obecność.

Nie pamiętam, ile czasu spędziłyśmy w ten sposób na tylnym siedzeniu samochodu. Żadna z nas nie musiała nic mówić. Po prostu czułyśmy się sobie bardzo bliskie.

W końcu Hasan delikatnie otworzył drzwi.

– Powinniśmy zanieść twoją mamę do domu – powiedział.

– Tak, oczywiście – odparłam i powoli zdjęłam rękę z jej ramienia. Początkowo jęczała, ale potem postanowiła być silna. Być może chciała pokazać córce, jak bardzo jest dumna i wytrzymała.

Wysiadłam. Hasan z Dirhanem ostrożnie podnieśli matkę i wydobyli ją z samochodu. Kiedy próbowali przenieść chorą do domu, niespodziewanie wskazała na ziemię. Obaj mężczyźni nie domyślili się, co chce przez to powiedzieć. Spojrzeli na mnie.

– Mama chce iść o własnych siłach – wyjaśniłam. – Chce wejść do domu sama. Jest zbyt dumna, by ją niesiono.

Dirhan i Hasan delikatnie postawili matkę na ziemi i pomogli jej się wyprostować. Znów jęknęła. Jej zawodzenie sprawiło, że Hasan i Dirhan przez chwilę stali w bezruchu. Jednak matka nadal chciała iść sama i dała im to do zrozumienia. Szła pochylona do przodu, opierając się rękami na ramionach obu pomocników. Cała trójka wlokła się w kierunku domu. Nie pamiętam, ile czasu im to zajęło, ale miałam wrażenie, że minęła cała wieczność.

Wprowadziliśmy matkę do jednego z pokoi gościnnych i położyliśmy na łóżku. Upłynęła zaledwie minuta, a już pogrążyła się we śnie. Wzięłam krzesło stojące w rogu pokoju i usiadłam obok niej, najbliżej jak się dało. Od czasu do czasu rozlegał się cichy jęk, ale poza tym mama oddychała spokojnie. Niemal się nie poruszałam, by nie zakłócać jej snu.

Siedziałam przy łóżku godzinami. Patrzyłam na twarz matki, co przywodziło na myśl tysiące wspomnień.

* * *

Mamo!
Nigdy nie powiedziałaś, dlaczego dałaś mi na imię Waris. Moje imię oznacza „kwiat pustyni". O ile dobrze pamiętam, kwiat ten jest jaskrawopomarańczowy lub żółty i ma owalne płatki. Właśnie z tego powodu żółty był zawsze moim ulubionym kolorem. „Kwiat pustyni" tak naprawdę nie jest nawet kwiatem. Bardziej przypomina mały krzew. Zawsze udaje

mu się przetrwać, nawet jeżeli nie pada przez cały rok. Ale kiedy tylko pojawi się deszcz, cała pustynia na kilka dni przybiera pomarańczową barwę. Być może przewidywałaś, że będę wyjątkowo buntowniczą dziewczyną i dlatego tak mnie nazwałaś.

Mamo, nie odpowiedziałam Ci też na jedno z pytań, które często mi zadawałaś. Chciałaś wiedzieć, dlaczego nie wróciłam do mego dawnego życia w Somalii. Kiedy odwiedziłam Cię kilka lat temu, objęłam Cię ramieniem i odbyłyśmy bardzo długą rozmowę. Zaproponowałam, że wezmę Cię ze sobą, by pokazać Ci moje nowe życie. Odpowiedziałaś jednak, że stanowisz część tej pustyni, a wszystko, co kochasz, Twoja rodzina, przyjaciele, zwierzęta są tutaj, tam zaś będziesz miała tylko mnie i swego wnuka Aleeke. Zrozumiałam.

Czy jednak Ty też mnie słuchałaś, kiedy tłumaczyłam, dlaczego nie chcę wracać do Somalii? Powiedziałam Ci o bólu towarzyszącym okaleczeniu narządów płciowych, który nadal mi dokucza. Mówiłam, że wciąż cierpię. Roztaczałam przed tobą marzenia o nowej, wolnej Afryce. Afryce świadomej swoich tradycji, ale odrzucającej wszystkie rytuały, które są jedynie przyczyną cierpienia i bólu. To one trzymają jej mieszkańców z dala od postępu i sprawiają, że ludzie czują się nieszczęśliwi.

Wciąż pamiętam każdy szczegół tego, co się zdarzyło, kiedy po raz ostatni widziałam ojca. Wdałam się wówczas w kłótnię z Mohammedem dotyczącą naszego kuzyna Raggae. Ojciec powiedział mi wówczas:

– Waris, musisz mnie uważnie wysłuchać. Oto prawo obowiązujące w naszej rodzinie: ty i twoi bracia zawsze występujecie przeciwko swoim braciom przyrodnim. Z kolei twoi bracia, bracia przyrodni i ty przeciwko waszym kuzynom. Twoja rodzina przeciwko innym rodzinom! Twój klan przeciwko innym klanom!

Nie wierzyłam własnym uszom.

– Ależ tato, Raggae jest synem twojego brata! Dorastał razem z Mohammedem, tak jakby byli braćmi. A zatem jest też moim bratem, prawda?

Ojciec wciąż jednak powtarzał swoje słowa.

To było wiele lat temu. Rozumiem, co ojciec miał na myśli, ale nie widzę w tym wszystkim sensu. Zaczęłam zadawać mu pytania:

– Dlaczego tak musi być? Skąd się wzięła taka tradycja? Dlaczego żyjemy w ten sposób, a nie inaczej?

Nigdy jednak nie dostałam odpowiedzi. Nigdy!

Więzy krwi są podstawą wszystkich społecznych relacji w Somalii. Tak mnie, Mamo, uczyłaś. Twoja rodzina, twój subklan, twój klan – to wszystko, co posiadasz. Klan decyduje o twojej pozycji w strukturze rodziny. Klan ustala, kogo możesz postrzegać jako przyjaciela, i mówi ci, o kim musisz myśleć jako o wrogu. Klan postanawia, co powinnaś kupić i od kogo. Jest twoją przyszłością i teraźniejszością. Czuje, działa i myśli za ciebie. To twoja dusza i twoja tożsamość.
Klan może cię chronić, ale może się też okazać twoim więzieniem. Musiałam się od tego uwolnić.

* * *

„Jak wiele wiem o rodzinie? Co wiem o moim klanie, subklanie i o więzach krwi przodków? Czy dużo wiem o moim ojczystym kraju" – pytałam samą siebie.

Matka wciąż spała. Słyszałam nadal jej ciche jęki, ale nie przerażały mnie już tak jak poprzednio. Myślałam o ojcu. Należał do klanu Darod, uznawanego za jeden z największych w Somalii. Jego drugie imię brzmiało La'Bah, co oznacza „lwy".

Ojciec był wysokim mężczyzną – mierzył metr dziewięćdziesiąt. Miał skórę jaśniejszą od matki, brązowe włosy i orzechowe oczy. Był próżny. Wiedział, że jest przystojny. Wszystkie kobiety wpatrywały się w niego i próbowały zwrócić na siebie jego uwagę.

Ponownie spojrzałam na twarz mamy.

– Dla mnie zawsze byłaś najpiękniejszą kobietą na świecie – powiedziałam.

Skóra matki jest czarna jak smoła, a jej zęby białe niczym śnieg austriackich Alp. Nocą, gdy na pustyni panowała absolutna ciemność, widziałam jak błyszczą jej zęby.

Matka dorastała w Mogadiszu.

Ojciec był koczownikiem; często się przemieszczał. Pochodził z górskiego regionu na północnym zachodzie.

Matka wywodziła się z klanu Hawije.

Ojciec należał do Darod.

Matka wychowywała się w osiadłej i zamożnej rodzinie, podczas gdy ojciec handlował zwierzętami, przemieszczając się z jednego targu na drugi, co pozwalało mu utrzymać się przy życiu.

Rodzina matki nie chciała, żeby ich piękna córka zmarnowała życie z tym mężczyzną, poświęcając się hodowli wielbłądów na pustyni. Ona jednak uciekła z Mogadiszu w wieku szesnastu lat i poślubiła mego ojca.

W Somalii własny klan, rodzina i więzy krwi są najważniejszą rzeczą w życiu. Pochodzenie jest czymś świętym. Każde dziecko zna na pamięć rodzinne drzewo genealogiczne. Kiedy byłam mała, też musiałam nauczyć się imion swoich przodków do ośmiuset lat wstecz, aż do początków klanów Darod i Hawije.

Zdaję sobie jednak sprawę, że jesteśmy jednym somalijskim narodem. Wciąż jeszcze czuję zapach kadzidła. Paliliśmy je w ognisku, przy którym matka zwykła snuć dawne opowieści i baśnie.

Pamiętam, jak uzyskiwaliśmy żywicę z drzewa kadzidłowca – boswellia, które rośnie w górach w północno-wschodniej Somalii. Ostrożnie robiliśmy małe nacięcia na pniach tych pięknych, niewielkich drzew. Rośliny te miały zazwyczaj około półtora metra wysokości, a ich gałęzie przybierały kształt parasola. Z pnia drzewa spływał płyn, który po kilku dniach twardniał. W dzieciństwie żuliśmy jasne grudki żywicy, ponieważ lubiliśmy ten gorzki smak.

Gdy siedzieliśmy przy ognisku, spalana żywica wydzielała wyjątkowo przyjemny, intensywny zapach. Matka opowiadała nam historię o naszym przodku Hillu. O ile dobrze pamiętam, była to opowieść o ojcu dwóch zupełnie różnych synów. Jeden z nich miał na imię Samaal. Wyróżniał się wysokim wzrostem i siłą. Polował i pracował jako pasterz, czym przynosił ojcu zaszczyt. Drugi brat nazywał się Saab. Nie był tak duży i silny jak jego brat, ale uchodził za dobrego rolnika i dostarczał ojcu dużo plonów.

Pewnego dnia między braćmi wybuchła kłótnia. Sprzeczali się o to, którego z nich ojciec kocha bardziej. Ojciec nie był w stanie zażegnać sprzeczki, ponieważ całym sercem kochał obu synów. Postanowili zatem rywalizować o jego miłość.

Każdy z nich miał ofiarować ojcu w prezencie najbardziej wartościową rzecz, jaką posiada, kładąc ją przed drzwiami jego domu. Syn, którego dar ojciec zabierze do domu jako pierwszy, zostanie zwycięzcą.

Samaal uwiązał przed chatą rodzica swoje najbardziej okazałe jagnię. Saab zastanawiał się, czy powinien dać ojcu najlepszą część swoich zbiorów, w końcu jednak postanowił zachować ją dla siebie. Ostatecznie ofiarował mu świetne plony, które zebrał ze swoich pól, ale najprzedniejsze zbiory zostawił sobie.

Następnego ranka jagnięcia nie było, a zbiory wciąż leżały przed chatą ojca.

A zatem, jeżeli wierzyć opowieści, „prawdziwi" Somalijczycy są potomkami Samaala, koczownikami – podobnie jak ich przodkowie wędrujący po całym kraju. Wszyscy „fałszywi" Somalijczycy, którzy zdecydowali się na osiadły tryb życia, pochodzą od Saaba.

* * *

Szanuję obowiązujący system klanowy, ale nie chcę w nim żyć. Nie mam ochoty być jego częścią.

Mamo, prawie nic nie mówiłaś nam, swoim dzieciom, o rodzinie, z której się wywodzisz. Domyślam się, że to dlatego, że wyszłaś za mąż za mego ojca wbrew jej woli. Być może to skłoniło Cię, aby mi pomóc, kiedy postanowiłam uciec z domu. Miałam poślubić starego mężczyznę, który był gotów zapłacić za mnie pięć wielbłądów.

Doskonale pamiętam ten dzień. Obudziłaś mnie na długo przed świtem. Delikatnie mnie pogłaskałaś.

– Czas iść, wszyscy jeszcze śpią – powiedziałaś.

Wyrwana ze snu wciąż czułam się śpiąca. Ostrzegałaś mnie:

– Musisz się jak najbardziej oddalić, by mieć tak dużą przewagę nad ojcem, jak to tylko możliwe. Będzie cię szukał.

Słaniałam się na nogach. Czułam się chora i byłam pełna obaw. Ogarniał mnie lęk na myśl o czekającej mnie samotności.

Przed chatą przytuliłyśmy się do siebie raz jeszcze.

– Nie zapomnij o mnie.

– Pewnego dnia wrócę i zabiorę cię stąd – obiecałam. – I wtedy znów zamieszkamy razem.

Uśmiechnęłaś się, słysząc moje słowa.

Potem pobiegłam w głąb pustyni. Stanęłam w obliczu niepewności, wolności i nowego życia. Miałam około trzynastu lat, ale nie znałam w tym czasie swego dokładnego wieku.

– Podczas ucieczki mogłam się na szczęście zatrzymać u Twojej matki w Mogadiszu. Tam też spotkałam Twego brata Wolde'aba. Musieliście

tworzyć zabawną parę, kiedy byliście dziećmi. Bardzo Cię przypomina nie tylko z wyglądu; ma również Twoje poczucie humoru.

Babcia była twardą, nieugiętą kobietą. Miała wiele charyzmy, a jej elegancja przywodziła mi na myśl Ciebie. Dłonie babci wydawały się delikatne; ciężka praca, którą musiała wykonywać, pozostawiła na nich głębokie ślady. Podobnie jak Ty była pobożną muzułmanką. Modliła się pięć razy dziennie, zwrócona w kierunku Mekki. Nigdy nie wyszła z domu, całkowicie się nie zasłoniwszy.

Podczas tygodni, które z nią spędziłam, nie przestawała mnie nauczać, w jaki sposób powinna się zachowywać religijna muzułmanka.

Tryskałam wówczas energią i było mnie pełno w całym domu. Każdego dnia szłyśmy wiele godzin na targ, który znajdował się daleko od domu. Czułam się zawsze bardzo podekscytowana, ale babcia mówiła mi:

– Waris, trawa nie będzie rosła szybciej, jeżeli będziesz ją ciągnąć.

Zdanie to stało się jedną z moich najważniejszych życiowych mądrości.

Nigdy nie wsiadałyśmy do autobusu, żeby pojechać na targ.

– Zamierzam tam chodzić tak długo, jak tylko będzie to możliwe – mówiła babcia. – My, koczownicy, od wieków mamy to we krwi, wędrujemy z jednego miejsca w drugie. Będę tak robić, aż Allah powoła mnie do siebie.

* * *

Minęła już północ, a ja wciąż czekałam na sen. Noc była jasna i widziałam przez okno gwiazdy. Upał przeszedł w przyjemny chłód. Matka leżała w łóżku; koc okrywał ją tylko po brzuch. Wydawała się taka krucha!

Niespodziewanie zdałam sobie sprawę, że nigdy przedtem nie widziałam matki dotkniętej chorobą. Zawsze pamiętałam ją jako stanowczą, twardą osobę. Teraz odnosiłam wrażenie, że stała się własnym cieniem. Jej ciało to była skóra i kości.

– Lekarze w Wiedniu przywrócą ci zdrowie. Niedługo poczujesz się lepiej – szepnęłam.

Nie mogę sobie przypomnieć, kiedy w końcu zasnęłam, wciąż siedząc na krześle. Śniłam o czasach, gdy byłam małą dziewczynką – zagniewaną, upartą i zawsze szukającą miłości.

Wspomnienia z dzieciństwa są pełne magii. W tamtych czasach istniał dla mnie jedynie otaczający mnie świat. Nie wiedziałam o żadnym innym świecie. Znałam tylko pobliskie góry, gwiazdy i słońce na niebie, kozy i wielbłądy, chaty i namioty, a także unoszące się w powietrzu znajome zapachy.

Nigdy nie słyszało się płaczu dziecka. Nie mogę sobie przypomnieć choćby jednego dziecka długo i głośno płaczącego na pustyni. W Somalii małe dzieci ani na chwilę nie rozstają się z matką, nawet gdy ta pracuje albo idzie po wodę. Matki zawsze noszą niemowlęta ze sobą – na piersi bądź na plecach. W nocy dzieci śpią tuż obok nich. Począwszy od dnia, w którym przyszły na świat, stanowią część społeczności. Mrok panujący w chacie, dym unoszący się z ogniska czy zapach gliny to świat somalijskiego dziecka, które swymi zmysłami próbuje wszystkiego – nie tylko za pośrednictwem matki, ale dzięki całej społeczności. Określam to mianem „magii obnoszenia".

Moje najwcześniejsze wspomnienia dotyczą zwierząt. Rozpierała mnie duma, gdy po raz pierwszy w życiu prowadziłam małą kozę i szukałam dla niej pożywienia. Im więcej stawiano przede mną zadań, tym bardziej byłam ufna we własne siły. Zbieranie drewna, przynoszenie wody, opiekowanie się zwierzętami czy pomaganie kobietom w wyplataniu wodoszczelnych bukłaków – wszystkie te zajęcia stały się częścią mojej egzystencji.

Prowadziliśmy proste, ale całkiem znośne życie. Wkrótce powierzono mi opiekę nad większym stadkiem kóz. Musiałam znaleźć odpowiednie pastwisko, żeby mogły się pożywić i zaokrąglić, dzięki czemu dawały nam dobre mleko. Ilekroć proszono mnie, abym poszła po wodę, wiedziałam, że muszę przynieść bukłak wypełniony po brzegi.

Życie na pustyni zależy od tego typu rzeczy. Za rogiem nie ma supermarketu, do którego możesz pójść, jeżeli twoje kozy nie dadzą wystarczająco dużo mleka albo gdy rozlejesz wodę, którą powinieneś przynieść do domu. Społeczność zależy od jednostki. To cecha naszej kultury.

Następnego dnia wezwaliśmy lekarza. Przyszedł po południu i dokładnie zbadał matkę.
– Musi pójść do szpitala – powiedział. – Nie mam odpowiedniego sprzętu medycznego koniecznego do znalezienia przyczyny bólu.
– Ale my chcieliśmy ją zabrać do Wiednia i tam zapewnić jej właściwe

leczenie – wyjaśniła mu siostra. – Wszystko jest przygotowane. Matka poleci tam za kilka dni.
— Odradzałbym to – odparł lekarz. – Jest zbyt osłabiona na tak długą podróż. Ma niedowagę, jest odwodniona i cierpi na niedożywienie. Ze względu na ból przez wiele dni nic nie jadła ani nie piła.

Zarówno siostra, jak i ja byłyśmy zdezorientowane. Czy powinnyśmy pozwolić matce przez pewien czas leczyć się w szpitalu w Abu Zabi? Kilka lat temu miała operację w Dubaju. Podczas panującego w czasie wojny domowej chaosu trafiła ją zabłąkana kula. Szczęśliwie nie uszkodziła żadnych ważnych organów i została usunięta bez większych komplikacji.

Lekarz zauważył, że nie wiemy, co postanowić.
— Mam pomysł – powiedział w końcu. – Zaopiekujecie się matką, aż poczuje się lepiej. Wówczas pomyślimy, jakie następnie podjąć kroki. Wrócę za kilka dni.

Fartun i ja odetchnęłyśmy z ulgą. Matka mogła oczywiście poddać się operacji w Emiratach, ale wiele argumentów przemawiało za tym, by zabrać ją do Austrii. Wiedeńscy lekarze cieszą się dobrą reputacją na całym świecie. Ponadto matka byłaby ze mną, więc mogłabym się nią opiekować. Chciałam wykorzystać tę okazję, aby omówić z nią dzielące nas różnice. Na tym polegał mój plan.

Pierwsze dni były naprawdę trudne. Zmuszenie chorej do zjedzenia czegokolwiek wydawało się rzeczą prawie niemożliwą. Matka leżała w łóżku przez cały dzień. Od czasu do czasu zapadała w drzemkę albo jęczała. Dwa razy dziennie przychodził pielęgniarz i robił jej zastrzyki. Był silnym, potężnym mężczyzną. Lubił też dużo mówić. Nie przypominam sobie, żeby mama choć raz odpowiedziała na jakieś jego pytanie.

W końcu zdarzyło się coś niewiarygodnego – zastrzyki zadziałały. Matka zaczęła odczuwać głód i jeść. Początkowo tylko małe porcje, ale to obudziło w nas nadzieję. Nie spała już całymi dniami, siadała na łóżku i rozmawiała z siostrą i ze mną. Od czasu do czasu dokuczały jej skurcze żołądka. Wówczas byłyśmy bezradne, ponieważ nie mogłyśmy jej pomóc. Było jednak wyraźnie widać, że czuje się lepiej i nabiera sił.

Pewnego wieczoru usiadłam przy jej łóżku i zaczęłyśmy rozmawiać. Nasza rozmowa przebiegała w bardzo przyjaznej atmosferze. Przypominałyśmy sobie wiele spraw z przeszłości.
— Waris – powiedziała nagle mama cichym głosem. – Czy nie zgodzi-

łabyś się teraz ze mną, że rytualne obrzezanie, któremu zostałaś poddana, było właściwym zabiegiem?

Nie mogłam uwierzyć własnym uszom. Nie wiedziałam, jak zareagować, toteż udawałam, że nie zrozumiałam pytania.

– Co powiedziałaś, mamo?

Odwróciła się i spojrzała mi prosto w oczy.

– Nie sądzisz, że twoje obrzezanie było wówczas odpowiednim zabiegiem?

Przez moment panowała taka cisza, że można byłoby usłyszeć igłę padającą na podłogę.

Po chwili skoczyłam z krzesła na równe nogi, stanęłam naprzeciw matki i zaczęłam na nią krzyczeć.

– Jak śmiesz zadawać mi takie pytanie? Od czasu obrzezania cierpiałam każdego miesiąca, każdego dnia, w każdej godzinie na skutek tego, co wówczas ze mną zrobiono. A teraz mówisz mi prosto w twarz, że powinnam to uznać za rzecz właściwą?

Matka była naprawdę wstrząśnięta. Zorientowałam się, że nie spodziewała się takiej reakcji z mojej strony. A przecież dobrze wiedziała, co czuję i myślę o obrzezaniu kobiet. Zawsze jej mówiłam, jaki jest mój punkt widzenia w tej kwestii. Dlaczego zatem zadała mi takie pytanie akurat teraz?

– Czy zdajesz sobie sprawę, jak wiele bólu i udręki przysparza kobietom okaleczanie ich narządów płciowych? – zapytałam ją ostrym tonem.

Znów siedziałam na krześle i próbowałam się uspokoić. Serce łomotało mi w piersi, krew pulsowała szybciej. Byłam zdumiona, a jednocześnie wściekła.

– Mamo, wiele osób pisze do mnie listy i telefonuje. Poznałam setki kobiet i młodych dziewcząt, które są ofiarami obrzezania. Opowiadają mi historie, które prześladują mnie w snach. A teraz mówisz mi, że powinnam popierać obyczaj zamieniający ludzkie istoty w kaleki?

– Ależ Waris, to nasza tradycja. Przez setki lat dziewczęta poddawano obrzezaniu. Dzięki temu stają się kobietami i pełnoprawnymi członkami naszej społeczności. To napełnia ich rodziny dumą.

– ...i łatwiej je wówczas sprzedać za bydło – przerwałam matce. – Wiem oczywiście, że kobieta, której narządy nie zostały okaleczone, nigdy nie znajdzie męża. Jest dla mnie jasne, że nikt nie zapłaci wielbłądami za kobietę, jeśli nie została odpowiednio „przystosowana". Jednak ktoś musi w pewnym momencie wstać i powiedzieć: „Przestańcie to robić!". Okaleczanie kobiet to nie jest coś, z czego możemy być dumni. Przeciwnie, powinniśmy się tego wstydzić.

– Jak śmiesz występować przeciwko swojej religii – powiedziała matka ostro. – Islam nakazuje obrzezanie. Nikt, nawet ty, nie może wybierać sobie, których nakazów wyznawanej religii chce przestrzegać, a które ignorować.

– Ależ to nonsens – zaprzeczyłam. – Islam nie nakazuje okaleczania żeńskich narządów płciowych! Wręcz potępia ten proceder. Przyznaje to coraz więcej imamów. Mamo, nie ma podstawy religijnej, by okaleczać pochwy dziewcząt.

Nagle matka głośno krzyknęła. Silny skurcz żołądka sprawił jej wielki ból. Nie wiedziałam, co robić. Zaledwie przed chwilą chciałam skoczyć jej do gardła, a teraz było mi jej tak bardzo żal.

Fartun, usłyszawszy krzyk matki, przybiegła do pokoju.

– Co się stało? – zapytała.

– Dostała ataku – odpowiedziałam i wymknęłam się z pokoju.

Poszłam do siebie i zamknęłam drzwi. Chciałam pobyć sama ze sobą. Ze sobą i swoim smutkiem.

* * *

Mamo, podczas tych nocy i dni, które spędziłam, siedząc przy Twoim łóżku w Abu Zabi, rozmyślałam o tym, czy umiałabym dobrać bardziej odpowiednie słowa, by przeprowadzić z Tobą rozmowę na temat obrzezania kobiet. Problem ten wznosi się między nami niczym mur. Gdybyśmy potrafiły znaleźć sposób, by ten mur zburzyć, mogłybyśmy ponownie się odnaleźć. Jestem tego absolutnie pewna. Od kilku lat walczę z brutalnym okaleczaniem małych dziewczynek, które nadal jest praktykowane w wielu krajach świata. Obrzezanie kobiet to akt barbarzyński i pełen przemocy. Podczas tego zabiegu żeńskie narządy płciowe zostają częściowo albo całkowicie usunięte. Wycina się łechtaczkę, napletek łechtaczki i wewnętrzne wargi sromowe. Czy wiesz, Mamo, że w najgorszych wypadkach po usunięciu wewnętrznych warg sromowych zszywa się zewnętrzne wargi sromowe? Pozostawia to dużą bliznę na całej pochwie. Nogi dziewcząt pozostają skrępowane przez kilka tygodni, a zapałka albo źdźbło słomy uniemożliwiają zasklepienie się maleńkiego otworu. Wypływają nim mocz i krew menstruacyjna. Kobiety tak okaleczone są skazane na cierpienia fizyczne i psychiczne przez całe życie.

Dlaczego tak się dzieje? Ze względu na tradycję, u której podstaw leży błędna interpretacja nakazów religijnych, z powodu nieświadomości konsekwencji zdrowotnych czy też po prostu dlatego, że rodziny odwołują się do zastanych w swym środowisku odwiecznych norm?

Nie mogłam i nie chciałam przyglądać się dłużej temu wszystkiemu, Mamo. Każdego dnia osiem tysięcy dziewcząt pada ofiarą tego okrutnego zabiegu. Osiem tysięcy dziewcząt dziennie, Mamo! Muszą znosić ten sam ból, który przed laty stał się moim udziałem. To bezsensowna męczarnia. Moja łechtaczka została obrzezana zardzewiałą żyletką, bez żadnego znieczulenia. Zemdlałam. Nigdy wcześniej ani później w moim życiu nie czułam tak strasznego bólu. Dokuczała mi wysoka temperatura. Cudem przeżyłam.

Zawsze opowiadałaś się za obrzezaniem mnie.

Jak mogę prowadzić rozsądną dyskusję z kimś, kto myśli w ten sposób?

Muszę to zrobić. Nawet jeżeli to boli.

Mamo, jesteś wierzącą muzułmanką. Dowodzisz swej wiary rytualnymi ablucjami, ścisłym przestrzeganiem codziennych modlitw, gdy stoisz zwrócona w kierunku Mekki, i fragmentem Koranu, który stale nosisz na szyi. Uczyłaś nas, kiedy byliśmy dziećmi, jak się modlić i recytować wersety Koranu w języku arabskim, w którym nie znasz ani słowa. Wbijałaś nam do głowy następujące zdanie: „Dziewczyna zawsze musi patrzeć w ziemię, kiedy rozmawia z mężczyzną".

Mamo, szanuję Twoje przekonania. Ale chciałabym, żebyś zrozumiała coś bardzo istotnego. Nasza religia nie nakazuje obrzezania kobiet. Wciąż wzrasta liczba poważnych autorytetów z kręgu imamów, głoszących, że nie ma ani jednego religijnego nakazu, który zalecałby stosowanie tak okrutnej praktyki. Wręcz przeciwnie, okaleczanie narządów płciowych kobiet jest sprzeczne z zasadami islamu.

Gdy siedzę naprzeciwko Ciebie, niekiedy odnoszę wrażenie, że patrzymy na siebie przez odwróconą lornetkę. Staramy się to jednak ukryć. Próbujemy stać się sobie bliższe, ale w rzeczywistości coraz bardziej się oddalamy.

Dla Ciebie jestem Europejką, która zapomniała o swojej tradycji. Mój *styl życia, rzeczy, które robię, i sposób, w jaki się ubieram, są dla ciebie niegodziwe.*

Mamo, nie mogę jednak dłużej milczeć. Prowadzę walkę w imieniu tysięcy małych dziewczynek, bo ich głosu przeciwko tej niesprawiedliwości nikt nie słyszy. Należy położyć kres podobnym zbrodniom. Rozumiesz? Nie walczę z Tobą, ale z przekonaniami religijnymi. Walczę z przestępstwem. To prawda, otrzymuję pogróżki od fanatyków religijnych. Ludzie oskarżają mnie o zdradę naszej kultury, o pogardliwy stosunek do mojego narodu i przeciwstawianie się tradycji. Jednak okaleczanie żeńskich narządów płciowych nie jest tradycją, ale niesprawiedliwością, której nie można już dłużej akceptować. Miałam wielkie szczęście, że zaszłam w życiu tak daleko. Teraz jednak nadszedł czas, by podzielić się tym szczęściem. Chcę skorzystać z mojej popularności i posłużyć się swoim nazwiskiem, by walczyć o położenie kresu haniebnej praktyce okaleczania narządów płciowych kobiet. W Europie, w Afryce, na całym świecie.

Wiem, że zawsze byłaś przekonana, że postępujesz właściwie. Z pewnością chciałaś dla swoich córek wszystkiego, co najlepsze. Okaleczenie łechtaczki i warg sromowych znamionuje w naszej społeczności przejście z dzieciństwa do kobiecości, sprawia, że kobiety stają się gotowe do małżeństwa. Zawsze powtarzałaś, że: „brak możliwości znalezienia męża dla jednej z córek byłby największą klęską, jaka mogłaby dotknąć naszą rodzinę".

Nie umiem przebaczyć Ci Twoich czynów, ale przynajmniej próbuję zrozumieć motywy. „Nieobrzezana kobieta" to straszne przekleństwo w Somalii. Z takimi kobietami się nie rozmawia, nigdy nie będą mogły zostać mężatkami – pozostają wyrzutkami społeczeństwa.

Chcę Ci jednak, Mamo, wytłumaczyć, jak wiele bólu sprawia okaleczanie żeńskich narządów płciowych, a także uświadomić fakt, że wszystkie problemy zdrowotne Twoje i Twoich córek są spowodowane właśnie tym. Przypomnij sobie, ile dzieci straciłaś podczas porodu, jak wiele córek w naszej rodzinie i w klanie nie przeżyło tego zabiegu, ponieważ wykrwawiło się na śmierć. Albo pomyśl, jak wiele z nich nie może mieć dzieci.

Mamo, jeżeli mi nie wierzysz, posłuchaj muzułmańskich ekspertów religijnych i tego, co mówią o obrzezaniu. Niedawno byłam gościem specjalnym w Nairobi, stolicy Kenii. Spędziłam tam tydzień. Jako Specjalny Ambasador Narodów Zjednoczonych zostałam poproszona o wygłoszenie przemówienia na Międzynarodowej Konferencji na temat FGM. FGM to angielski skrót na określenie okaleczania narządów płciowych kobiet. Była to jedna z największych międzynarodowych konferencji skierowanych przeciwko obyczajowi obrzezania kobiet. Brali w niej udział ministrowie, urzędnicy państwowi i parlamentarzyści z wielu afrykańskich krajów, organizacje kobiece z całego świata, a także przedstawiciele organizacji pozarządowych zaangażowanych w walkę przeciwko okaleczaniu żeńskich narządów płciowych. Na konferencji zabierali głos lekarze, duchowni różnych religii, kobiety, które dokonują okaleczania, ich ofiary, sędziowie, nauczyciele, artyści, a nawet studenci z uniwersytetów i uczniowie szkół średnich.

Spotkanie nie przebiegało spokojnie. Licznie zgromadzonych uczestników dzieliły wyraźne różnice zdań. Przed rozpoczęciem konferencji wiele osób, które opowiadały się za tym okrutnym obyczajem praktykowanym od pokoleń, próbowało ją sabotować lub udaremnić. Były też próby zastraszania sponsorów. Szczęśliwie, gdy konferencja dobiegała końca, każdy mógł otwarcie mówić o swoich doświadczeniach, swobodnie wyrażać opinie i przedstawiać własny punkt widzenia. Wszelkie spory powinny być oparte na pełnej znajomości realiów, wokół których się toczą.

Ponieważ występowałam w roli ambasadora Narodów Zjednoczonych, poproszono mnie o wygłoszenie przemówienia otwierającego. Rozmyślając nad jego konstrukcją, zdecydowałam od początku nazywać rzeczy po imieniu. Znasz mnie. Jestem osobą prostolinijną. Niestety nie zawsze stanowi to mój atut.

Moje przemówienie było gorącym apelem o wprowadzenie w życie praw zakazujących okaleczania żeńskich narządów płciowych. Nikt nigdy nie mówił tak otwarcie o obrzezaniu kobiet w Afryce. Powiedziałam, że wydanie zakazu wykonywania tego barbarzyńskiego zabiegu mogłoby stanowić pierwszy istotny krok w kierunku polepszenia sytuacji w dziedzinie, której poświęcamy to międzynarodowe spotkanie. Kobiety w Afryce żyją w nieludzkich warunkach. Zgodnie z danymi Banku Światowego osiemdziesiąt procent żywności wytwarzanej w Afryce powstaje dzięki aktywności kobiet. Wykonują też one przeszło dziewięćdziesiąt procent wszelkich prac. Niemniej jednak są traktowane jak istoty drugiej kategorii. W większości państw afrykańskich kobiety nie mogą kupować ziemi. Posiadają mniej niż pięć procent całego kapitału. Tymczasem to właśnie dzięki kobietom ludność wielkiego kontynentu Afryki utrzymuje się przy życiu. Troszczą się one o zdobywanie pożywienia i otaczają opieką dzieci. A jednak nasze społeczeństwo odmawia im podstawowych praw.

Moje przemówienie stawało się coraz bardziej płomienne. Zwróciłam uwagę, że w wielu afrykańskich krajach kobieta nie jest wiele warta. Można ją kupić lub sprzedać. Można się nad nią znęcać lub się jej wyrzec. Większość dziewcząt i kobiet nie ma dostępu do edukacji ani do leczenia. W Afryce jedna na szesnaście kobiet umiera podczas ciąży lub porodu.

Obrzezanie kobiet stanowi jeden z najistotniejszych problemów dotykających żeńską część populacji Afryki i jest przypuszczalnie przejawem najbardziej okrutnych praktyk. Zabieg ten rujnuje życie wielu kobiet i dziewcząt. Zgodnie z danymi Narodów Zjednoczonych każdego roku w Afryce okalecza się trzy miliony dziewcząt. Oznacza to, że tylko dzisiaj osiem tysięcy dziewcząt padnie ofiarą tego potwornego zabiegu. Jutro kolejne osiem tysięcy. Dzień po dniu niszczy się osiem tysięcy ludzkich istnień.

W ogromnej sali centrum konferencyjnego Kenyatty zajęte były wszystkie miejsca. Skupiłam na sobie uwagę zebranych tam ludzi. Kiedy na koniec wystąpienia oznajmiłam, że okaleczanie żeńskich narządów płciowych nie ma nic wspólnego z religią, tradycją czy kulturą, a jest wyłącznie okrutną zbrodnią przeciwko kobietom i dziewczętom, na sali zapanowała cisza. Po krótkiej chwili wszystko potoczyło się bardzo szybko. Jedna z uczestniczek konferencji podniosła się z miejsca i zaczęła klaskać, następnie druga, trzecia, kolejne dziesięć, potem dwadzieścia i sto. Przypominało to scenę z amerykańskiego filmu. Pod koniec wszyscy stali, bijąc brawo. Oklaskiwano mnie przez kilka minut. Była to jedna z najbardziej wzruszających scen w całym moim życiu.

Gdy opuściłam mównicę, Linah J. Kilimo, kenijska minister spraw wewnętrznych podeszła do mnie z gratulacjami. Powiedziała, że czytała moje książki. Pod wpływem tej lektury nie pozwoliła, by jej córki zostały obrzezane. Chciała zrobić wszystko, co było w jej mocy, aby położyć kres temu zbrodniczemu procederowi w Kenii.

Wiele delegatek organizacji kobiecych zaprosiło mnie do swoich krajów. Również wpływowy imam z Nairobi zapewniał, że będzie czynił starania, by muzułmanie zrozumieli, że Koran nie zachęca do obrzezania kobiet, a wykonywanie tego zabiegu jest dla wyznawców tej religii zakazane.

Następnego dnia w afrykańskich gazetach ukazały się informacje o moim przemówieniu. Jeden z artykułów nosił osobliwy tytuł: „Dziewczyna Jamesa Bonda walczy z okaleczaniem żeńskich narządów płciowych", co jest zjawiskiem typowym dla prasy. Nie miało to jednak większego znaczenia. Cieszę się, że wiele osób skorzystało z okazji, by zapoznać się z treścią mego wystąpienia. Żywię nadzieję, że słowa, które wypowiadałam, pozostawią ślad w ich pamięci.

Międzynarodowa konferencja w Nairobi przeciwko obrzezaniu kobiet okazała się wielkim sukcesem. Spotkałam kobiety z całej Afryki, które chciały położyć kres tej zbrodni. Młode dziewczęta opowiadały mi smutne historie ze swojej przeszłości. Nieraz trudno było mi słuchać i powstrzymać się od płaczu. Rezultat konferencji przepełnił mnie jednak dumą, ponieważ przynajmniej niektóre afrykańskie kraje postanowiły położyć kres okaleczaniu narządów płciowych kobiet i zakazać tego procederu. Kenia zrobiła pierwszy krok i zaakceptowała protokół z Maputo, który stanowił skuteczny instrument służący zniesieniu tego okrutnego zabiegu. Kenia została wciągnięta na listę krajów, w których jest on zakazany przez prawo.

Mamo, czy rozumiesz, co chcę powiedzieć? Czy słyszysz mój głos? Czy potrafisz zrozumieć, że walka z obrzezaniem kobiet jest dla mnie tak ważna? Nie walczę z tradycją ani religią, a tym bardziej z Tobą i Twoimi przekonaniami. Jestem jednak zdecydowana posłużyć się całą moją siłą, by doprowadzić do prawnego zakazania tego potwornego rytuału na wszystkich kontynentach naszego globu. Również w moim ojczystym kraju, Somalii.

4

W Mogadiszu

Następnego dnia po raz pierwszy niebo było pochmurne. Obudziłam się wcześniej niż zwykle i szybko wyskoczyłam z łóżka. Nie chciałam tracić ani jednej sekundy. Wkrótce miałam porozmawiać z Hasanem. Czekałam na to od bardzo dawna. W końcu dowiem się więcej o mojej ojczyźnie.

Tej nocy nic mi się nie śniło. Spałam głęboko i spokojnie. Po kłótni z matką natychmiast położyłam się do łóżka. Gniew szybko mi przeszedł. Na razie nie udało mi się zrealizować niczego, co sobie wcześniej zaplanowałam. Próbowałam jednak przekonać siebie, że nie był to właściwy czas na uporządkowanie moich relacji z matką. Była chora i słaba.

„W Wiedniu będziemy mieć dla siebie więcej czasu – powtarzałam w duchu. – Wówczas opowiem jej o wszystkich podejmowanych przeze mnie działaniach i o sprawach, które są dla mnie ważne".

Nieraz potrafię być bardzo naiwna, jak małe dziecko.

Zbiegając po schodach, gwizdałam melodię starej somalijskiej piosenki. Zajrzałam do kuchni i zobaczyłam, że Hasan je śniadanie. Usiadłam obok niego i natychmiast zaczęłam mu zadawać tysiące pytań.

– Jak wygląda Somalia? Czy podoba ci się Mogadiszu? W jaki sposób udało ci się wydostać stamtąd mamę? – chciałam od razu zaspokoić swoją ciekawość.

Hasan uśmiechnął się i dał mi do zrozumienia, że powinnam potraktować sprawy z większym dystansem.

– Cierpliwości, cierpliwości! Wszystko ci opowiem, ale pozwól mi zacząć od początku, dobrze?

Odchyliłam się na krześle i spojrzałam na niego. Miał młodą twarz i długie palce pianisty. Wiedziałam, że ma około dwudziestu pięciu lat, ale wyglądał młodziej. Próbowałam sobie wyobrazić jego pobyt w Mogadiszu.

– Czy wiesz – zaczął swą opowieść Hasan – że najgorszym przeżyciem był dla mnie nie powrót do Somalii, ale sama podróż? Strasznie się boję latać i musiałem stoczyć wewnętrzną walkę, żeby nie wysiąść z samolotu, zanim wystartował z Abu Zabi.

Nie miałam o tym pojęcia. Hasan opowiadał, jak siedział w samolocie, wpatrując się przez całe godziny w instrukcję, co powinien zrobić w razie niebezpieczeństwa. Chciał w ten sposób odwrócić uwagę od nękającego go strachu. Szczegółowo zapoznał się z zaleceniami i zapamiętał każde słowo. Wciąż nerwowo zerkał na tekst i rysunki, powtarzając sobie w duchu, że samoloty są najbezpieczniejszą formą transportu, jaka w ogóle istnieje. Nie przynosiło to specjalnej ulgi, ale gdy podróż zbliżała się do końca, ogarnęło go wielkie zmęczenie. Kiedy samolot po niemal dwudziestu godzinach lotu wylądował na zakurzonym pasie ziemi lotniska Petrella w pobliżu Mogadiszu, Hasan był pogrążony we śnie.

Gdy wysiadł z samolotu i schodził po schodkach, poczuł na twarzy podmuch gorącego powietrza. Temperatura na zewnątrz wynosiła przeszło trzydzieści stopni. Hasan nie miał dużego bagażu, jedynie rzeczy podstawowe – ubrania i wodę.

Wjazd na terytorium Somalii nie przysporzył mu żadnych problemów. Formalności zajęły jedynie kilka minut. Nikt nie sprawdzał jego paszportu, toteż niemal od razu znalazł się poza budynkiem lotniska. Trudno powiedzieć, kim byli mężczyźni siedzący w okienkach kontroli paszportowej, ponieważ została ona zlikwidowana wiele lat temu. Od czasu upadku reżimu wojskowego istnieje co prawda rząd wraz z ministrami, politycy ci nie mają jednak sekretarek ani własnych biur. A przede wszystkim nie sprawują żadnej władzy. Powszechnie wiadomo, że Somalia jest rządzona przez watażków. Wszyscy ci watażkowie mają do dyspozycji prywatne armie, które terroryzują somalijską ludność i świadomie podtrzymują anarchię. Oczywiście wszystko jest kwestią indywidualnego punktu widzenia.

* * *

Mamo,
w jednym z listów opowiedziałam Ci o mojej podróży do Kenii. Zostałam zaproszona do Nairobi na międzynarodową konferencję dotyczącą okaleczania żeńskich narządów płciowych. Wygłosiłam przemówienie, które zostało entuzjastycznie przyjęte. Po zakończeniu konferencji pozostałam tam jeszcze kilka dni. Nie chciałam od razu wracać do Europy. Zupełnie niespodziewanie zatęskniłam za „Mamą Afryką". Mieszkałam w hotelu Stanley już około dziesięciu dni, kiedy złożył mi wizytę nieoczekiwany gość. W pobliżu znajduje się inny hotel, w którym mieści się siedziba główna naszego rządu. Rząd został wybrany w Somalii, ale teraz obawia się tam wrócić.

Kenijscy politycy powiedzieli mi, że wkrótce będą zmuszeni wyrzucić przedstawicieli somalijskiego rządu, ponieważ Kenia nie chce nadal ponosić kosztów ich wyżywienia i zakwaterowania.

Pewnego wieczoru kilku somalijskich ministrów przybyło do mojego hotelu. Zaprosili mnie na spotkanie. W pierwszej chwili mi to pochlebiało, ale w końcu zrezygnowałam ze spotkania. Nie chcę, by politycy posługiwali się mną dla celów propagandowych.

Waris Dirie – jedna z najbardziej znanych Afrykanek! Ludzie naprawdę lubią przystrajać się w moją sławę. Niestety, zdarza się to coraz częściej.

* * *

Kolejne wrażenia Hasana z mego ojczystego kraju były nierzeczywiste i dziwaczne. Za budynkiem lotniska zobaczył dziesiątki dżipów, furgonetek i paru kręcących się wokół uzbrojonych po zęby Somalijczyków. Czekali na kilka osób, które miały tu przybyć. Mężczyźni z karabinami maszynowymi wyglądali, jakby przed chwilą wyskoczyli z ekranu taniego amerykańskiego filmu wojennego. Żołnierze zazwyczaj wykonują w Somalii dwa zajęcia – przewożą ludzi z miejsca na miejsce i jednocześnie służą im jako osobista ochrona. Nikt bez osobistej ochrony nie byłby w stanie długo utrzymać się tu przy życiu.

– Przypominało to bardzo szczególny postój taksówek – żartował Hasan.

Odbył z mężczyznami krótką rozmowę. Szybko doszli do porozumienia. Wręczył plik dolarów człowiekowi ze złotym zębem i ogromną, jakby wyciosaną z drewna, ale jeszcze ostatecznie nieuformowaną głową. Zapewnił sobie w ten sposób zarówno transport, jak i ochronę.

Mężczyźni pozwolili mu usiąść na tylnym siedzeniu samochodu i przestali zwracać na niego uwagę. Jeden z nich poczęstował go papierosem, ale Hasan odmówił.

Tymczasem uzbrojeni mężczyźni dużo palili. Ich papierosy były zrobione z mieszanki tytoniu i khatu. Khat stał się teraz najpopularniejszym narkotykiem w Mogadiszu i jego okolicach.

Khat jest kwitnącą, wiecznie zieloną rośliną. Zażywanie tego narkotyku stało się niemal powszechnym obyczajem w Jemenie i w Rogu Afryki. Przeważnie żują go mężczyźni. Skutek, który wywołuje, zależy od dawki – niewielka ilość działa pobudzająco, gdy użyje się go za dużo, odczuwa się zmęczenie. Ludzie żujący khat zachowują się w sposób nieprzewidywalny. Nierzadko zdarza się, że bywają niebezpieczni. Kiedy Hasan zapytał jednego z młodych chłopców, czy ich karabiny maszynowe są sprawne, ten uśmiechnął się i po prostu wystrzelił w niebo. Potem strzelał do znaku drogowego, aż ten się przewrócił.

– Nikt się takimi incydentami nie przejmuje – powiedział żołnierz – ulice są strefą neutralną. Zostało to ustalone z lokalnymi przywódcami.

Po tej wymianie zdań Hasan skulił się na tylnym siedzeniu. Tymczasem dżip pędził z ogromną szybkością, mimo że droga była wyboista. Kierowca zatrzymywał się kilka razy przy blokadach drogowych, których pilnowała dobrze uzbrojona milicja. Mężczyźni wiozący Hasana za każdym razem odbywali z milicjantami krótką rozmowę, po czym kontynuowali podróż. Ochroniarze z góry zapłacili odpowiednim watażkom. Na lotnisku wynajmuje się transport i za odpowiednią opłatą pasażer ma zapewnione wszystkie usługi – przede wszystkim ochronę.

* * *

Kiedy Hasan opowiadał mi o swoich ochroniarzach, przypomniałam sobie, Mamo, moje doświadczenia z Francji. Kilka tygodni przed telefonem Mohammeda byłam w Paryżu. Miałam się tam spotkać z kobietą o niezwykle silnej osobowości. Podobnie jak ja pochodzi z Somalii. Nazywa się Ayaan Hirsi. Ayaan walczy przeciwko obrzezaniu kobiet, ale w swojej walce posuwa się jeszcze dalej. Krytykuje ucisk kobiet w muzułmańskim społeczeństwie, a także interpretacje Koranu, które mają usprawiedliwiać ten stan rzeczy. W rezultacie głoszonych przez siebie poglądów znalazła się w wielkich tarapatach. Jest teraz jedną z najbardziej zagrożonych kobiet na naszej planecie.

Mamo, to było przerażające. Wiedziałam już wcześniej, że Ayaan dostaje pogróżki i musi stale mieć się na baczności, nie miałam jednak pojęcia o skali wpływu, jaki groźby te wywierają na jej codzienną egzystencję i jak bardzo boi się o własne życie.

Spotkałyśmy się w małej restauracji w St. Germain des Prés, mojej ulubionej paryskiej dzielnicy. Kiedy pracowałam jako modelka, mieszkałam tu prawie przez dwa lata. Nie było to zwykłe spotkanie. Przyszłam ze studia muzycznego, w którym nagrywałam piosenkę ,,Little Girls from Africa" (Małe dziewczynki z Afryki) z Bafing Kulem, moim przyjacielem z Mali. Było wczesne popołudnie, wspaniały dzień późnego lata w Paryżu.

Gdy znalazłam się w pobliżu restauracji, wyczułam jakąś dziwną atmosferę. Na ulicy prawie nie było przechodniów, co w Paryżu zdarza się bardzo rzadko. Zobaczyłam kilkunastu mężczyzn wyglądających prawie tak samo – wszyscy ubrani w ciemne, eleganckie stroje, nosili okulary przeciwsłoneczne i mieli krótko ostrzyżone włosy. Upłynęło trochę czasu, zanim zorientowałam się, co się dzieje.

Restauracja była otoczona agentami policji w cywilu. Nie podejrzewałam, by te środki bezpieczeństwa podjęto ze względu na mnie.

Dopiero kiedy wchodziłam do restauracji, zdałam sobie sprawę, że wejścia do niej strzegły specjalne oddziały francuskiej i holenderskiej policji, które chronią Ayaan przez dwadzieścia cztery godziny na dobę. Wchodząc, musiałam im podać hasło, wówczas zaprowadzili mnie do Ayaan. Po drodze minęłam kilku oficerów policji i członków jej ochrony osobistej. Ayaan siedziała sama przy dużym stole, a jej twarz promieniała radością. Uściskałyśmy się, chociaż nigdy wcześniej się nie spotkałyśmy. Nasza rozmowa trwała kilka godzin.

Ayaan pochodzi z Mogadiszu. Jest delikatną kobietą o ładnej twarzy. Każdy, kto pozna historię życia Ayaan, ma prawo zastanawiać się, dlaczego nosi imię, które w języku somalijskim znaczy ,,szczęście" lub ,,szczęśliwa osoba". Jest mniej więcej w moim wieku i ma gęste, czarne włosy. Sądzę nawet, że istnieje między nami pewne podobieństwo.

Dzieciństwo Ayaan było również bardzo traumatyczne. Kiedy miała około pięciu lat, na polecenie babci została poddana zabiegowi obrzezania. Później uciekła z rodziną do Arabii Saudyjskiej, następnie do Etiopii i w końcu do Kenii. Ucieczka była ryzykowna i pełna przygód. W Nairobi Ayaan chodziła do szkoły dla dziewcząt, w której obowiązywały surowe reguły. Musiała nosić chustę i zasłaniać twarz. Wychowano ją w bardzo tradycyjny sposób. W wieku dwudziestu dwóch lat Ayaan miała poślubić swego kuzyna z Kanady, którego nawet nie znała.

Udało się jej uzyskać schronienie w Holandii, gdzie starała się o azyl. Po pewnym czasie otrzymała holenderskie obywatelstwo. Pracowała jako tłumaczka, a równocześnie studiowała nauki polityczne. Potem została politykiem.

Ayaan jest bardzo podobna do mnie. Robi wrażenie osoby szczerej, która mówi bez ogródek to, co myśli. Często wyraża się niezwykle krytycznie o kulturze muzułmańskiej. Potępia przymusowe małżeństwa, okaleczanie żeńskich narządów płciowych, ale także nieudaną politykę imigracyjną Holandii. W 2002 roku po raz pierwszy grożono jej śmiercią.

W 2002 roku w opublikowanym przez jedną z gazet artykule napisała o proroku Mahomecie: „W porównaniu z naszymi zachodnimi standardami jest dewiantem i tyranem".

Rok później nakręciła – wraz z holenderskim reżyserem Theo van Goghiem – krótki film pod tytułem „Submission" (Podporządkowanie). Film porusza problem podrzędnej roli kobiet w muzułmańskim społeczeństwie. Ayaan Hirsi napisała scenariusz. W filmie pięć młodych muzułmanek opowiada, jak się nad nimi znęcano. W kadrze przez ich półnagie ciała przenikają wersety Koranu. Wersety te – zdaniem Ayaan – mają stanowić usprawiedliwienie przemocy stosowanej wobec kobiet.

2 listopada 2004 roku Theo van Gogh został zamordowany na ulicy. Na jego ciele morderca pozostawił list do Ayaan Hirsi. Groził, że ją również zabije.

– Obawiałam się, że nie zechcesz się ze mną spotkać, ponieważ krytykuję islam – powiedziała mi Ayaan zaraz na początku naszej rozmowy.

Była mniejsza i delikatniejsza, niż ją sobie wyobrażałam.

– Ależ nie – zaprzeczyłam. – Zdaję sobie sprawę z katastrofalnej sy-

tuacji muzułmańskich kobiet. Mam też za sobą własne bolesne doświadczenia. Wiem, o czym mówisz i co potępiasz.

Kwestie, które poruszałyśmy, przypominały mi moją historię. Istniały między nami liczne podobieństwa, ale też różnice. Nie zawsze zgadzam się z Ayaan, ale ma ona prawo, by otwarcie przedstawiać swoją opinię i własny punkt widzenia.

Pewien dziennikarz nazwał nas kiedyś „strażą przednią" ruchu kobiet afrykańskich. Nie wiem, czy można tak o mnie powiedzieć. Nie ulega jednak wątpliwości, że Ayaan to silna i odważna kobieta. Ma jasno określony cel. Jest także wspaniałym mówcą.

Do tej pory, Mamo, spotkałam wiele afrykańskich kobiet, dla których Ayaan i ja stanowimy wzór do naśladowania. W ich oczach jesteśmy prekursorkami lepszego i bardziej sprawiedliwego świata dla muzułmanek. Uchodzimy za dwie Afrykanki, które pokazują, jakie powinny być nowoczesne mieszkanki Afryki – ufne we własne siły, mocne, zakorzenione w swoich tradycjach i pochodzeniu, ale niewierzące, że o ich przeznaczeniu już wcześniej zdecydował Bóg, nie biorąc ich woli pod uwagę.

Mam nadzieję, że wkrótce będzie więcej takich kobiet jak Ayaan Hirsi.

* * *

Hasan zauważył, że od dłuższej chwili nie zwracam na niego uwagi.

– Nudzisz się w moim towarzystwie? – zapytał, mieszając cukier w filiżance herbaty.

– Ależ skąd – zaprzeczyłam i opowiedziałam mu o Ayaan Hirsi i naszym spotkaniu w Paryżu. Hasan słuchał uważnie i co pewien czas zadawał pytania.

Gdy skończyłam, kontynuował swoją opowieść. Mówił o wrażeniach, jakie odniósł, jadąc z lotniska do centrum Mogadiszu. Stolica Somalii jest jedną z najstarszych zamieszkanych afrykańskich osad na południe od Sahary. Podczas gdy Hasan opowiadał, przypomniałam sobie, jak po raz pierwszy przyjechałam do Mogadiszu. Miałam wówczas około trzynastu lat i uciekłam z domu. W mieście unosił się zapach Oceanu Indyjskiego. Byłam zdumiona tłumem ludzi na ulicach, wspaniałym targiem, pięknymi meczetami z minaretami sięgającymi nieba nad starymi włoskimi pałacami. Ale nawet wówczas miasto wydawało mi się zaniedbane i zniszczone. W ciągu wielu stuleci kolejne armie pozostawiały na nim swoje ślady. Pierwszymi przybyszami byli Arabowie, którzy weszli w posiadanie tej ziemi. Zaczęli tu prowadzić interesy i szerzyć islam. Potem pojawili się Włosi, następnie Rosjanie i w końcu Amerykanie. Ci ostatni przypominali z wyglądu kowbojów. Jeździli czołgami po centrum Mogadiszu, zawsze gotowi do użycia broni. Zachowanie tego typu jest bardzo niebezpieczną praktyką w mieście, w którym nastolatkowie mogą kupić karabin na czarnym rynku za mniej niż sześć dolarów.

Hasana wieziono pustymi ulicami. Po obu stronach stały wypalone lub zrujnowane domy. Musiał to być smutny widok.

– Wysiadaj – powiedział nagle jeden z żołnierzy, po czym wypchnął Hasana z dżipa w sposób delikatny, ale zdecydowany. Znajdowali się w bezimiennej dzielnicy miasta. – To twój hotel. Przyjedziemy po ciebie jutro o siódmej rano.

Hotelowi bagażowi – wszyscy ubrani w somalijskie spódnice – natychmiast zaopiekowali się jego bagażem. Hasan rozejrzał się wkoło. Znajdujący się przed nim budynek musiał być, zanim wybuchła wojna, pięknym hotelem we włoskim kolonialnym stylu. Przy wejściu rzucał się w oczy zdumiewający napis: „Wnoszenie broni palnej do hotelu surowo wzbronione" – w językach somalijskim, arabskim, włoskim i angielskim. Kiedy Hasan wspomniał o tym ostrzeżeniu, nie mogłam powstrzymać się od śmiechu. W Europie czy w Ameryce można zobaczyć wywieszki zakazujące palenia, wchodzenia z lodami czy rzucania śmieci na podłogę, zaś w moim ojczystym kraju widnieją napisy zwracające się do czytających je osób z uprzejmą prośbą, by nie zabijały innych.

Hasan był wykończony. Miał za sobą długi lot, jazdę dżipem i wiele wrażeń. Podczas gdy pracownik hotelu wyjaśniał mu, w jaki sposób posługiwać się pilotem do telewizora w jego pokoju, zdążył zapaść w drzemkę. Za oknem rozlegały się strzały, ale można się do tego szybko przyzwyczaić. Wiem o tym.

Pracownik hotelu włączył kanał telewizyjny, na którym wyświetlano jedną z somalijskich oper mydlanych. Gdy Hasan dał mu kilka somalijskich szylingów, szybko zniknął.

– Jeżeli będzie pan czegoś potrzebował, proszę mnie natychmiast powiadomić.

Zwrot ten wydał się Hasanowi dziwny. Powiadomić? W jaki sposób?

W pokoju nie było nic oprócz nocnego stolika z lampką, łóżka z oliwkowym przykryciem, umywalki, ręczników, miski i dzbana.

Hasan trochę się umył i chciał położyć się spać, ale nie mógł tego zrobić o pustym żołądku. Zszedł więc do holu.

Zobaczył tam ponownie młodą Somalijkę Amal. Widział ją wcześniej, kiedy przyjechał do hotelu. Zaczęli rozmawiać, jakby byli starymi przyjaciółmi, którzy spotkali się po wielu latach. Powiedział jej, że przyjechał, by zabrać chorą matkę Waris Dirie. Okazało się, że dziewczyna pochodzi z tego samego regionu co ja. Wywodziła się również z plemienia koczowników i wraz z jego członkami przemierzała pustynię aż do dnia ślubu.

Wyznała, że miała wielkie szczęście, ponieważ znalazła dobrego męża. Amal pracowała jako pokojówka w hotelu i mieszkała z czwórką dzieci w bliskim sąsiedztwie.

– Chciałem zamówić rybę – powiedział Hasan – ale mi odradziła. Wielu ludzi choruje po zjedzeniu ryby. Dzieje się tak z powodu zanieczyszczenia oceanu, gdyż wielkie statki wyrzucają śmieci na naszym wybrzeżu. Zamiast ryby zamówiłem makaron z warzywami.

* * *

Pewnego dnia zostałam zaproszona do udziału w rozgrywanym w Austrii meczu piłki nożnej. Tak, Mamo, to prawda. Grałam w piłkę nożną i naprawdę szło mi całkiem nieźle.

Po meczu podeszła do mnie młoda dziewczyna, która – jak zauważyłam wcześniej – siedziała na trybunach.

– Waris, czy mogłabym z tobą chwilę porozmawiać? – zapytała nieśmiało.

– Tak, oczywiście, pozwól mi tylko wziąć prysznic. Zaraz potem możemy się spotkać – odparłam.

Czekała cierpliwie przed szatnią. Kiedy wyszłam, powiedziałam:

– Nie mam na ten wieczór żadnych planów. Muszę tylko coś zjeść w hotelu. Jeśli masz ochotę, możesz się do mnie przyłączyć, to będziemy miały okazję porozmawiać w restauracji.

Dziewczyna przystała na moją propozycję. Sprawiała wrażenie podekscytowanej.

Podczas kolacji opowiedziała mi swoją tragiczną historię. Pochodziła z muzułmańskiej rodziny. W Austrii mieszkała od dziecka. Chodziła tu do szkoły. W wieku szesnastu lat rodzice zabrali ją na wakacje do ojczystego kraju. Tam po raz pierwszy spotkała swoich krewnych. Musiała zdjąć wszystkie części europejskiej garderoby, schować je do szafy i ubrać się podobnie jak jej kuzynki, szczelnie owijając się zasłoną.

Pewnego ranka ojciec oznajmił, że ma zamiar wkrótce wydać ją za mąż. Na męża wybrano jej kuzyna, którego nigdy przedtem nie widziała. Cena za pannę młodą została już uzgodniona.

Dziewczyna była całkowicie zaskoczona. W Austrii miała przyjaciół i była zakochana w koledze ze szkoły.

– Ojcze – błagała – kocham cię, ale nie możesz mi tego zrobić. Wychowałam się w Austrii, wolnym kraju, i czuję się wolna. Chcę sobie sama wybrać męża.

Ojciec okazał się jednak nieugięty.

– Moje dziecko, tu nie chodzi o twoją wolność, ale o mój honor.

– Pragnę wrócić do Austrii – nalegała dziewczyna. – Nie chcę tu zostawać. Nic o tym kraju nie wiem.

– Później możesz tam wrócić ze swoim mężem – powiedział ojciec. – Ale teraz zostaniesz tutaj. Twoja matka i ja musimy jutro wyjechać do Austrii. Kończy mi się urlop.

Dziewczyna zaczęła płakać.

– To, co usiłujesz zrobić, nazywa się w Austrii przymusowym małżeństwem i jest tam zabronione! Małżeństwo zawarte w ten sposób będzie w Austrii uznane za nieważne – przekonywała dziewczyna.

Ojciec odwrócił się i wyszedł.

Następnego ranka krewni dziewczyny zabrali ją do muzułmańskiej szkoły, gdzie miała przejść reedukację. Każdego dnia bito ją i grożono jej w najróżniejszy sposób. Wszystkie te poczynania miały na celu złamanie jej woli. W końcu była już tak wyczerpana, że zaakceptowała sytuację, ponieważ w żaden sposób nie mogła uniknąć małżeństwa, do którego została przymuszona. Wkrótce odwiedziła Austrię ze swoim kuzynem – „mężem". Przy pierwszej okazji uciekła do domu przyjaciółki. Kontaktowała się jedynie z matką przez ludzi, których obie znały. Pewnego popołudnia przyjaciółka ostrzegła ją.

– Słyszałam, że w twojej rodzinie odbyła się narada, w wyniku której skazano cię na śmierć. Twój mąż i jeden z braci mają cię odnaleźć i zabić, by rodzina odzyskała honor. W przeciwnym wypadku twój ojciec powinien zwrócić posag.

Na wieść o tym młoda kobieta podjęła jedyną słuszną decyzję – udała się z tą informacją na posterunek policji.

– Nie możemy nic dla ciebie zrobić – powiedzieli policjanci – aż do czasu, gdy będziemy mieli jakiś dowód, że twoja rodzina naprawdę chce cię pozbawić życia.

Dziewczyna zaproponowała zatem, że „zastawi sidła" na swoich bliskich.

Chciała spotkać się z nimi w bezpiecznym miejscu i sprowokować rozmowę. Policja miała nagrać jej treść za pomocą ukrytych mikrofonów i małej kamery.

Policjanci zaakceptowali ten plan. Przygotowali również dziewczynę na spotkanie z krewnymi.

Doszło do niego na ruchliwej, pełnej przechodniów ulicy. Policjanci próbowali uniknąć sytuacji, w której rodzina mogłaby ją zranić albo zabić.

Wszystko przebiegało zgodnie z przewidywaniami młodej kobiety. Jej mąż i ojciec zgodnie zagrozili, że ją zabiją. Policja zareagowała natychmiast. Obaj mężczyźni zostali aresztowani. Dziewczynę odwieziono w bezpieczne miejsce. Wniosła przeciwko nim oskarżenie.

Dwa dni później mężczyzn zwolniono. Jeszcze tego samego dnia postanowili ukryć się w ojczystym kraju. Młoda kobieta nadal mieszka w miejscu, którego adres zna bardzo niewiele osób, i wciąż boi się o swoje życie.

Mamo, opowieść tej dziewczyny przypomniała mi własną historię a także losy wielu innych muzułmańskich dziewcząt. W naszym społeczeństwie młode kobiety wciąż są traktowane jak towar. Nie mają prawa wybrać mężczyzny, którego naprawdę kochają. Kiedy kobieta odmawia przymusowego małżeństwa, jej życie znajduje się w niebezpieczeństwie.

Nazywacie to „dbaniem o honor", ale o czyim honorze mówicie? Czy nie chodzi bardziej o to, że martwi was fakt straty okazji do zrobienia korzystnego interesu, czyli uzyskania dobrej ceny za narzeczoną, która stanowi ważną część waszych dochodów? Honor? Naprawdę nie mogę już słuchać o honorze.

Siedziałyśmy razem przez długi czas, dziewczyna, która oglądała mecz piłki nożnej, i ja.

– Wiesz – powiedziałam w końcu – świat zmienia się tylko wtedy,

kiedy jednostka coś robi. Nie wystarczy po prostu czekać, aż ktoś ci pomoże i przejmie za ciebie odpowiedzialność. Musisz sama wykazać się aktywnością.

Dziewczyna słuchała mnie uważnie.

– Miliony dziewcząt zostają smutnymi, godnymi pożałowania istotami. Tysiące giną z rąk bliskich krewnych. Dosyć tego! Dosyć! Nie możemy już dłużej pozwalać, aby okaleczano nasze narządy płciowe. Nie powinnyśmy się zgadzać, by handlowano nami jak bydłem. Spróbuj opowiedzieć swoją historię tak wielu ludziom, jak to tylko możliwe. Powiedz o tym publicznie.

Kilka miesięcy później usłyszałam, że dziewczyna założyła organizację prowadzącą walkę przeciw przymusowym małżeństwom. Wielokrotnie występowała też w środkach masowego przekazu, walcząc o swoją sprawę.

Mamo, czas, kiedy ojcowie robili ze swoimi córkami, co tylko chcieli, dobiega kresu. Coraz więcej młodych kobiet zaczyna walczyć o swoje prawa. Pewnego dnia przymusowe małżeństwa i obrzezanie kobiet – dwie najbardziej mroczne strony naszego społeczeństwa – będą już tylko opisywane w naszych książkach lub historycznych podręcznikach.

Nie jest to moje marzenie, ale najgłębsze przekonanie.

* * *

Rozmawiając z Amal w hotelowym holu, Hasan poprosił ją, by opowiedziała mu, jak wygląda obecnie życie w Somalii.

– Kobiety muszą dużo pracować – opowiadała. – Pod tym względem sytuacja się nie zmieniła. Pieniądze przysyłane przez męża i otrzymywana w hotelu pensja nie wystarczają na wyżywienie całej rodziny. Aby opłacić czesne za szkołę dzieci, muszę dodatkowo pracować jako sprzedawczyni khatu na targu.

Oto, czego dowiedział się Hasan. Wydaje się, że khat stanowi temat, którego w Somalii nie można uniknąć. Jest wszechobecny, niczym gekony na ścianach. Mężczyźni kupują i żują tę roślinę, natomiast kobiety ją sprzedają. Świeże gałęzie sprowadza się z Kenii lub Etiopii. Khat rośnie tam na rozległych górzystych terenach. Krzew ten wypuszcza pędy przez cały rok. W Somalii nie rośnie on równie bujnie jak w tych dwu krajach. Z krzewów zbiera się liście wczesnym rankiem, ponieważ substancje pobudzające są bardzo wrażliwe na upał. Zaraz po zbiorze liście khatu zawija się w większe liście roślin, by pozostały chłodne. W południe duże wiązki khatu sprzedawane są na targach w całej Somalii. Po południu połowa kraju znajduje się już pod odurzającym wpływem tej rośliny. Być na khacie to z pewnością męska rzecz.

– Wiem – powiedziałam do Hasana. – W Somalii opowiada się następującą historię: w jedenastym wieku muzułmanie z Abisynii przywieźli tę roślinę królowi Jemenu i opowiedzieli mu o jej magicznych właściwościach. Zapewniali monarchę, że zmniejsza ona apetyt na jedzenie, na picie, a także osłabia pożądanie. Słowa te zdumiały monarchę. Zapytał, jakie przyjemności pozostaną mu zatem na ziemi. Przysiągł na Allaha, że nigdy nie spróbuje tej rośliny, ponieważ całe jego życie zależało od tych trzech rzeczy.

Tak więc nie wszyscy muzułmanie przekonali się od razu do tej rośliny. Widok zębów przyczernionych khatem wydawał mi się zawsze obrzydliwy. Niemal każdy mężczyzna w Somalii pokazuje w uśmiechu zęby połyskujące czernią na skutek nałogowego żucia tej rośliny. Wszystko koncentruje się wokół khatu. Mężczyźni są całkowicie uzależnieni od tego narkotyku. Nie jedzą, zaniedbują higienę osobistą i pracę. Znajdując się pod wpływem khatu, łatwo tracą nad sobą panowanie i są bardziej skłonni do brutalnego traktowania swoich żon.

– Rozmawialiśmy też o tobie, Waris – powiedział Hasan. – Wyjaśniłem jej, że piszesz książki i wygłaszasz liczne odczyty. „Czy można tym zarabiać na życie?" – zapytała wyraźnie zaintrygowana. „Tak. Istnieje nawet możliwość niesienia pomocy innym ludziom ze środków zarobionych dzięki tej działalności – odparłem. – Waris mówi ludziom prawdę o okrutnej praktyce okaleczania żeńskich narządów płciowych".

Amal uznała, że podjęłam słuszną decyzję, nie ryzykując przyjazdu do Somalii.

– Ktokolwiek mówi tutaj publicznie na ten temat, naprawdę igra z losem. Natychmiast zostałby zamordowany – wyszeptała do Hasana.

W Somalii obowiązuje dziś prawo muzułmańskie – *szariat*. Zgodnie z zasadami tego prawa sędzia może wydać wyrok odrąbania dłoni złodziejowi lub ukamienowania niewiernej kobiety. Są to rzekomo jedyne zasady, z którymi należy się liczyć. Jednak wielu bezbożnych mieszkańców rozwiązuje swoje problemy za pomocą broni, ponieważ w Somalii – według powszechnie panującej opinii – każdy jest uzbrojony, nie tylko milicje poszczególnych klanów.

* * *

Kiedy skończyłam pracę nad moją ostatnią książką, „Desert Children", przyszło mi na myśl, żeby założyć witrynę internetową. Mamo, zapewne wiesz, że na świecie są miliony komputerów. Jakiś czas temu dokonano odkrycia, że wszystkie te komputery można połączyć za pomocą internetu. Teraz ludzie mają możliwość kontaktowania się ze sobą, niezależnie od tego, gdzie się znajdują, jeśli posługują się komputerami i mają dostęp do internetu. W książce „Desert Children" opisuję los obrzezanych dziewcząt w Europie. Czułam się rozczarowana, ponieważ ofiary obrzezania nie były w stanie skontaktować się ze mną bezpośrednio. Dlatego utworzyliśmy witrynę internetową Fundacji Waris Dirie. Ktokolwiek zechce do mnie napisać, może nawiązać ze mną kontakt poprzez tę witrynę.

Byłam zdumiona liczbą internautów, którzy pozostawili wiadomości na mojej stronie. Upłynęło zaledwie kilka dni, a nasza księga gości była całkowicie zapełniona; wiele osób obiecywało nam pomoc, inne po prostu życzyły szczęścia.

Wkrótce zaczęliśmy dostawać e-maile i listy, w których ofiary otwarcie pisały o okaleczaniu ich narządów płciowych, ale także o przymusowych małżeństwach i przemocy domowej. Ludzie dzielili się swoimi doświadczeniami. Mamo, z pomocą moich współpracowników właśnie opublikowaliśmy roczny raport Fundacji Waris Dirie. W ciągu ostatniego roku napisało do nas przeszło dwanaście tysięcy osób. Dwanaście tysięcy ludzi napisało o cierpieniach swoich dusz! Otworzyli serce przed kobietą, której nigdy w życiu nie widzieli. Ich los jest przygnębiający, ale fakt, że wiele ofiar znalazło drogę, by do mnie dotrzeć, sprawia, że czuję się bardzo dumna.

Odpowiedziałam im wszystkim.

Napisałam manifest przeciwko okaleczaniu narządów płciowych kobiet. Każdy może go podpisać, aby udzielić poparcia sprawie, o którą walczę. Już dwadzieścia pięć tysięcy osób złożyło pod nim podpis. Chciałabym, żeby ta liczba systematycznie się powiększała – w końcu powinien go podpisać cały świat!

Jestem szczęśliwa, że temat ten zainteresował tak wielu uczniów szkół i studentów uniwersytetów. Ponad cztery tysiące spośród nich aktywnie wspiera tę ideę na całym świecie, pełniąc funkcję moich „ambasadorów". Wygłaszają przemówienia w szkołach, na uniwersytetach i w różnych stowarzyszeniach. Kierują je do ludzi zainteresowanych tematem. Publikują mój manifest i piszą do gazet, co z kolei inspiruje innych do publikacji artykułów na ten temat.

Mamo, udało się nam osiągnąć tak wiele rzeczy – dokonać zmian w prawie, a także uświadomić istnienie tego problemu politykom. Kwestią okaleczania dziewcząt zajmuje się coraz więcej lekarzy. W ciągu ostatnich dwóch lat udzieliłam ponad dwustu wywiadów na całym świecie, by poprzeć tę walkę. Ale są to dopiero pierwsze kroki we właściwym kierunku. To wstyd, że nie potrafisz się zdecydować, by kroczyć tą drogą obok mnie.

Mamo, oskarżałaś mnie o to, że nie jestem już Somalijką. Twierdziłaś, że zdradzam naszą tradycję i wiarę, że myślę i postępuję jak Europejka. To nieprawda. Zawsze pozostanę związana z Somalią. Robię nawet więcej – mogę teraz pomagać tym mieszkańcom mojej ojczyzny, którzy znajdują się w rozpaczliwej sytuacji.

Jakiś czas temu złożyło mi wizytę kilku Somalijczyków mieszkających w Wiedniu. Przynieśli fotografię. Było to zdjęcie małej, około ośmioletniej dziewczynki o czarnych włosach. Kiedy bliżej przyjrzałam się zdjęciu, ogarnęło mnie przerażenie. Dziecko miało guz w jamie brzusznej – tak wielki, jakiego nigdy przedtem nie widziałam. Somalijczycy powiedzieli mi, że nowotwór zaczął się rozwijać na pochwie dziewczynki. Teraz osiągnął wielkość głowy dziecka.

Było dla mnie jasne, że dziewczynka przeżyje najwyżej kilka tygodni, jeżeli nie otrzyma pomocy. Pisałam Ci o mojej fundacji, która zrobiła wiele dobrych rzeczy. Natychmiast zapewniliśmy dziewczynce wsparcie finansowe. Inne organizacje również obiecały przyjść z pomocą. Austriacy są bardzo uczynni.

Dziecko przetransportowano z Somalii specjalnym samolotem. Przyleciał z nim ojciec. Kiedy dziewczynka została poddana badaniom w szpitalu dziecięcym w Wiedniu, wyglądała bardziej na osobę martwą niż żywą. Każdego dnia odwiedzałam ją i próbowałam jej przekazać część mojej siły.

Lekarze w Somalii powiedzieli mi, że to nie jest odosobniony przypadek. Wiele dziewczynek cierpi na tego rodzaju złośliwego guza po za-

biegu obrzezania. Nowotwór szybko rośnie, a udzielenie natychmiastowej pomocy nie zawsze jest możliwe. Mamo, czy nie sądzisz, że jest to kolejny powód, by skończyć z tym bezsensownym okrucieństwem? Jak wiele kobiet musi jeszcze umrzeć?

Leczenie dziewczynki zakończyło się powodzeniem. Guz zniknął i małe ciało wkrótce ponownie nabrało sił i witalności. Straciłam ją z oczu, ale jestem pewna, że dzisiaj ma się świetnie.

Ludzie w Somalii słyszeli o mnie i mojej fundacji – wiesz przecież, jak rozchodzą się wieści za pomocą „afrykańskich bębnów"– wiedzą, że wciąż pomagamy coraz większej liczbie osób. Udzieliliśmy pomocy wielu dziewczętom i kobietom. Służyliśmy radą, dawaliśmy pieniądze, organizowaliśmy lekarzy i szpitale, przecieraliśmy ścieżki, ponieważ Afrykańczykom nie jest łatwo podróżować z kraju do kraju. Trzeba mieć wiele siły, aby poradzić sobie z dramatycznym losem kobiet. Doświadczasz wiele bólu, mnożą się rozmaite przeszkody i komplikacje. Niekiedy też nasze wysiłki spotykają się z negatywnymi reakcjami.

Jednak rezultat wart jest tego wszystkiego. Uczucie, które cię ogarnia, gdy komuś pomogłeś, nie daje się wyrazić słowami.

* * *

Następnego dnia po Hasana przyjechała osobliwa ekipa ochroniarzy. Dżip zatrzymał się przed hotelem. Hasan wsiadł do samochodu niemal w biegu i auto natychmiast odjechało, wzbijając tuman kurzu.

– Dopiero wówczas – opowiadał Hasan – zauważyłem wątłą kobietę skuloną na tylnym siedzeniu. Muszę przyznać, Waris, że kiedy zobaczyłem ją po raz pierwszy, myślałem, że nie żyje. Po chwili jednak usłyszałem jęki. Poczułem ulgę. Jest w tym coś osobliwego, by odczuwać ulgę, kiedy ktoś jęczy.

Potem sprawy potoczyły się bardzo szybko. Żołnierze dali znak kierowcy, żeby przyśpieszył.

– Lotnisko, lotnisko – krzyczeli do niego raz za razem, wymachując pistoletami i karabinami.

Czy sytuacja stawała się niebezpieczna, czy też śpieszyli się do wykonania kolejnego zadania? Hasan nie miał nawet ochoty pytać o przyczynę nagłego pośpiechu. Chciał się wydostać z tego niestabilnego kraju tak szybko, jak to tylko możliwe.

* * *

Mamo, każdego dnia oglądam w telewizji straszne sceny z Somalii. Bardzo się martwię o Ciebie i o naszych krewnych, którzy wciąż tam mieszkają. Po szesnastu latach wojny domowej nieustanny chaos musi dobiec kresu. Ile już krwi przelano? Jak wiele matek płakało za swoimi dziećmi? Ilu ludzi straciło życie podczas tej bezsensownej wojny? Jak wiele osób w Somalii zostało okaleczonych lub zniszczonych emocjonalnie przez wojnę?

Dużo czytałam o moim kraju. Dzisiaj wiem o naszej historii znacznie więcej niż wówczas, gdy wypasałam wielbłądy na pustyni. Im więcej dowiaduję się o rodzinnym kraju, tym mniej rozumiem tę niepotrzebną wojnę. Plemiona Somalii są zasadniczo jednym ludem – łączy je język i pochodzenie. Wszyscy jesteśmy braćmi i siostrami.

Dlaczego nie złożycie broni? Macie wspólną kulturę, wszyscy wyznajecie islam. Nie toczycie walki z inną religią ani z innym krajem. Walczycie jedni przeciwko drugim w obrębie swoich plemion i rodzin! Z powodu tej okrutnej wojny domowej Somalia stała się jednym z najbiedniejszych krajów świata. Zniszczyliście infrastrukturę waszego kraju, a zatem swoją przyszłość i przyszłość swoich dzieci. Zasialiście wśród was samych nienawiść i nieufność. Czy na co dzień zadajecie sobie pytanie, dlaczego to wszystko nadal trwa?

Somalia nie jest krajem zbyt gęsto zaludnionym. Ziemi wystarczy dla każdego. Wykorzystywana jest niewielka część gruntów uprawnych. Niemal dziewięćdziesiąt procent ziemi leży odłogiem ze względu na wojnę domową. Mamy bogactwa mineralne, ale jedynie nieznaczny ich procent może być eksploatowany, ponieważ nikt nie chce inwestować w kraju, w którym trwa wojna domowa. Z tego samego powodu ledwo egzystuje nasza gospodarka morska, a szczególnie rybołówstwo.

A przecież nikt nie musiałby cierpieć głodu! Mieszkacie w kraju, w którym każdy może być bogaty. Pierwszym krokiem do osiągnięcia tego celu jest pokój. Pokój zaczyna się w sercach. Zapomnijcie o swojej bezsensownej wojnie, zapomnijcie o broni i nienawiści – wówczas przyszłość będzie należeć do was!

* * *

Spędziłam z Hasanem w kuchni całe godziny, przysłuchując się jego opowieściom z Somalii.

– Dziękuję – powiedziałam do niego z wdzięcznością – dziękuję, że mi pomogłeś. Nigdy tego nie zapomnę.

– Nie musisz mi dziękować – odparł Hasan łagodnym tonem, dotykając mojej dłoni. – My, Somalijczycy, musimy sobie pomagać, prawda?

Następnego dnia lekarz pozwolił nam kontynuować podróż.

– Twoja matka jest teraz dostatecznie silna. Możesz ją zabrać do Wiednia – powiedział.

Byłam taka szczęśliwa. W Wiedniu wszystko czekało przygotowane na jej przyjazd i leczenie. Miałam nadzieję, że kiedy wyzdrowieje, będę w końcu mogła omówić z nią szczegółowo ważne dla mnie sprawy. Wówczas jednak stało się coś niespodziewanego.

5

Operacja

Dokumenty podróży są jak klucze do sejfu. Zasada ta obowiązuje na całym świecie. Gdy człowiek ma odpowiednie dokumenty, jest kimś; jeżeli nie, jest po prostu nikim. Emiraty Arabskie nigdy nie zezwoliłyby mojej matce na wjazd, ale ponieważ miała austriacką wizę, nie sprawiały żadnego problemu. Teraz, kiedy opuszczałyśmy terytorium tego kraju, wszystko poszło naprawdę szybko. Oficer służby granicznej nawet na nas nie spojrzał. Wpatrywał się w blat białego stołu, jakby miało się tam zdarzyć coś zupełnie nadzwyczajnego.

Matka była zbyt słaba, by móc się samodzielnie poruszać, duma nie pozwalała jej jednak przyjąć więcej pomocy, niż było to konieczne. Wyczułam od razu, że całą drogę do samolotu chce przejść sama. Dopiero kiedy oparła się na chwilę na moim ramieniu, zauważyłam, jak bardzo jest wychudzona. Byłam wstrząśnięta. Pokonanie odległości do samolotu zajęło jej sporo czasu. Z wyraźnie słyszalnym jękiem osunęła się na fotel przy oknie. Uśmiechnęła się do mnie jeszcze raz, zanim zapadła w sen zaledwie w kilka sekund po zajęciu miejsca.

Na szczęście sen pozwolił jej przeczekać dwugodzinne opóźnienie startu wypełnionego do ostatniego miejsca samolotu, zanim usunięto usterkę techniczną.

Kiedy w końcu wystartowaliśmy, ujęłam ją za rękę. Nawet tego nie zauważyła. Musiałam wychylić się do przodu, by wyjrzeć przez okno. Wkrótce pozostawiliśmy za sobą Abu Zabi z niezliczonymi pałacami ze szkła, z betonowymi zamkami i stojącymi obok nich maszynami budowlanymi, które miały przynieść krajowi jeszcze większy postęp. W dole przez chwilę widziałam Ocean Indyjski z dziwacznie postrzępioną linią brzegową. Następnie krajobraz nabierał stopniowo typowo pustynnego charakteru, z piaszczystymi wydmami i stadami słoni. Na horyzoncie ujrzałam zachodzące słońce w kształcie szkarłatnej kuli, pełnej energii i melancholii.

Zrodziła się we mnie nadzieja. Byłam przekonana, że mama wkrótce poczuje się lepiej. Modliłam się do Allaha i prosiłam go, by dał jej siłę. O to samo prosiłam dla siebie, ponieważ planowałam omówić z nią istotne dla mnie kwestie, kiedy jej stan zdrowia się poprawi. Pragnęłam, żeby się dowiedziała, co wyrosło z małej, upartej Waris, która uciekła z domu, bo nie chciała wyjść za mąż za starego mężczyznę.

– W moim mieszkaniu w Wiedniu zobaczysz, kim naprawdę jestem – wyszeptałam.

Nasz lot był opóźniony, ale to nie miało znaczenia.

W samolocie rozległy się dźwięki muzyki Mozarta. Sądzę, że jest tak zawsze, gdy pasażerowie przylatują do Wiednia. Kiedy w końcu wstałam, by wziąć swój podręczny bagaż, samolot był już niemal pusty. Mama wciąż jeszcze spała. Przez cały czas trwania lotu nie wydała z siebie niemal żadnego dźwięku. Nie chciała nawet pójść do toalety. Przypomniałam sobie mój pierwszy lot z Mogadiszu do Londynu. Nigdy przedtem nie widziałam toalety w samolocie i nie miałam pojęcia, w jaki sposób posługiwać się spłuczką. Stałam tam jak mała dziewczynka przed dużą, oświetloną choinką i zastanawiałam się, co robić.

– Czy chcesz, żebym poszła z tobą do toalety? – pytałam mamę od czasu do czasu, ale zawsze słyszałam wypowiadaną zmęczonym głosem odpowiedź przeczącą.

Mama zapadała w coraz głębszy sen. Od czasu do czasu odwracałam się, by spojrzeć na jej twarz, a właściwie by się przekonać, czy jeszcze oddycha.

Miałam okazję przyjrzeć się twarzy matki. Wciąż była piękna. Nie tak dziewczęca jak w moich wspomnieniach, ale nadal – na swój nieodparty, naturalny sposób – wspaniała i olśniewająca. Choroba pozostawiła jednak pewne ślady na jej obliczu. Skóra na jej twarzy, rękach i nogach sprawiała wrażenie tak delikatnej, że wydawało się, iż mogłaby się rozpaść pod dotknięciem.

Kiedy wylądowaliśmy w Wiedniu, ledwie ośmieliłam się musnąć dłoń matki, by ją obudzić. Chciałam, żeby cieszyła się każdą chwilą cennego snu. Podniosłam się już z fotela, ale odczekałam jeszcze moment. Położyłam torebkę na miejscu zwolnionym przez jednego z pasażerów. Zobaczyłam utkwione we mnie oczy stewarda, ale nikt z personelu nie odważył się powiedzieć, żebym się pośpieszyła. W końcu matka się obudziła.

– Jesteśmy już na miejscu? – zapytała.

Jej głos brzmiał tak, jakbym słyszała pytanie małej dziewczynki po trwającej trzy godziny nudnej podróży autostradą.

– Tak, mamo, jesteśmy w moim Wiedniu, stolicy kraju, który obdarował mnie swoim obywatelstwem – odparłam.

„To dziwne – pomyślałam – jak szybko zachodzą zmiany. Jeszcze niedawno miałam status uchodźcy. Byłam osobą, która żadnego miejsca nie mogła nazwać domem, a teraz mówię o »moim Wiedniu«".

Mama z trudem podnosiła się z fotela. Kiedy pomogłam jej stanąć, przez chwilę się słaniała, jak mała łódka na otwartym morzu. Dopiero po chwili zdołała odzyskać równowagę. Zaprowadziłam ją do wyjścia, trzymając nasz bagaż. Przy drzwiach stewardzi już na nas czekali. Przyglądali się naszemu dziwnemu sposobowi poruszania się i mieli przygotowany dla mojej matki wózek inwalidzki. Jednak mama dała im niecierpliwy znak ręką, że rezygnuje z pomocy, i ujęła moją dłoń. Wyszłyśmy tak szybko, jak to było możliwe.

Matka nie chciała wkroczyć do nowego świata, siedząc w wózku inwalidzkim. Wolała iść dumnie wyprostowana. Zaczęła jęczeć dopiero wówczas, kiedy stewardzi byli już daleko. Wkrótce udało mi się ustawić kilka sztuk bagażu na wózku bagażowym, podczas gdy mama czekała na mnie na ławce. Krok po kroku doszłyśmy do hali przylotów. W pewnym momencie zdałam sobie sprawę, że mama w pełni uświadomiła sobie swoją obecną sytuację. Mogłam odczytać z jej twarzy, że nie czuła się w niej komfortowo.

Nigdy w życiu nie widziała tak wielu białych ludzi naraz. Kiedy miałyśmy już opuścić lotnisko, grupa dziewcząt poznała mnie i podbiegła do nas, żeby zdobyć mój autograf.

– Czego te kobiety od ciebie chcą? – zapytała mama zaniepokojona.

– Pragną po prostu dostać mój autograf – odparłam cierpliwie.

– Czy jesteś im winna pieniądze? Nie dawaj im swojego adresu!

Mama zawsze była osobą praktyczną. Mimo woli się uśmiechnęłam.

– Mamo, one chcą po prostu, żebym podpisała kawałek papieru, żeby miały pamiątkę, że mnie spotkały.

– Co za dziwny kraj – pokręciła głową, sceptycznie nastawiona do tego, co właśnie się zdarzyło.

Następny wstrząs czekał nas za szklanymi drzwiami. W Wiedniu było wyjątkowo zimno. Po moim wyjeździe zawitała tu zima. Lodowaty wiatr wiał nam w twarze, kiedy Walter przywitał nas przed budynkiem lotniska. Przyniósł ze sobą długie, grube zimowe płaszcze i ciepłe botki dla nas obu. Zarzucił mi płaszcz na ramiona i pomógł matce ubrać się w jej okrycie. Czuliśmy się nieco zakłopotani, ale przywitaliśmy się równie serdecznie jak zwykle.

Wyglądałyśmy jak dwa pingwiny ubrane w ciepłe botki i grube zimowe płaszcze. Musiałyśmy stanowić osobliwy widok dla ludzi wokół nas. Walter jest prawdziwym dżentelmenem. Skinął głową i podał matce rękę, ponieważ chciał jej pomóc wsiąść do samochodu. Co jednak zrobiła matka? Owinęła wokół dłoni swoją chustę i dopiero wówczas podała dłoń Walterowi.

Walter był zdziwiony, ale jako człowiek kulturalny, potrząsnął jej dłonią schowaną pod chustą i uśmiechnął się do matki przyjaźnie. Wyjąkał też kilka słów powitania w języku somalijskim, których się wcześniej nauczył. Spojrzałam na mamę, zastanawiając się, jak się zachowa. Ona tymczasem cofnęła rękę. Ogarnęła mnie złość.

– Mamo, dlaczego to robisz? – wybuchłam. – Walter jest naszym przyjacielem.

– Naprawdę zadajesz niemądre pytania, dziewczyno. Nigdy nie podawałam ręki białemu mężczyźnie. Każdy wie, że można się w ten sposób zarazić „białą chorobą". I stać się białą!

Nie wiedziałam, czy się śmiać, czy płakać, ale z twarzy matki odczytałam, że wszystko, co przed chwilą mówiła, traktowała niezwykle poważnie. Ucieleśniała afrykańską tradycję i była równie uparta jak zwykle. W ciągu następnych tygodni wielokrotnie dawała tego dowody.

Z lotniska od razu pojechałyśmy do szpitala. Matka skuliła się obok mnie, a jej głowa niemal zupełnie zniknęła w zimowym płaszczu. Najpierw minęłyśmy duży zakład przemysłowy. Dym wydobywał się przez ogromne, białe wieże.

Potem zobaczyłyśmy pierwsze domy. Im dłużej jechaliśmy, tym więcej domów pojawiało się przed nami. Droga do szpitala zajęła nam czterdzieści pięć minut. Matka cały czas wpatrywała się w podłogę. Tak naprawdę nieszczególnie ciekawił ją Wiedeń ani jego okolice. Być może powinnam już była wiedzieć, że nigdy nie podzieli mojej miłości do tego miasta.

Ale wówczas wciąż jeszcze myślałam: „Cóż, jest zbyt słaba, żeby zwracać uwagę na to, co się dzieje na zewnątrz". W jej oczach dostrzegałam jednak coś nieprzyjaznego.

Zaledwie przed chwilą, na lotnisku, była opryskliwa i pewna siebie, a teraz znów sprawiała wrażenie bardzo wątłej. Winą za wszystko obarczałam chorobę.

Walter nieustannie zadawał mi pytania. Czuł napięcie i chciał przełamać lody.

– Jak minęła podróż? Wszystko poszło dobrze? Jak ci się mieszkało u siostry?

Odpowiadałam krótko, a nieraz w ogóle nie zadawałam sobie trudu, by odpowiedzieć. Gdzieś uleciała chęć do rozmowy, mama zaś nie miała na nią siły ani ochoty.

– Kiedy matka może mieć operację? – zapytałam.

To była jedyna rzecz, która mnie w tym momencie interesowała.

– Ordynator zbada ją natychmiast po przyjeździe – odpowiedział Walter. – Wtedy ustali datę operacji.

Ponieważ Joanna zdążyła już załatwić w szpitalu wszelkie niezbędne formalności, sprawy potoczyły się dosyć szybko. Wszyscy, którzy mnie znają, wiedzą, że nie znoszę papierkowej roboty.

W szpitalu matka dostała pojedynczy pokój. Pielęgniarka pomogła jej się przebrać. Zarówno trudy podróży, jak i nowe otoczenie sprawiły, że czuła się bardzo zmęczona.

Długo leżała w łóżku, próbując odzyskać siły. Cały czas byłam przy niej, trzymając jej rękę, jakby była małym dzieckiem. Czułam, że się boi. Ilekroć pielęgniarka lub lekarz wchodzili do pokoju, próbowałam ją uspokoić i tłumaczyłam, co się wydarzy za chwilę. Zapewniałam, że wszystko będzie dobrze.

– Mamo, oni tutaj świetnie wiedzą, co robić.

Przez cały ten czas mama nie powiedziała ani jednego słowa. Przeważnie wpatrywała się we mnie swoimi dużymi oczami. Wszystko było dla niej takie dziwne i nowe, ale powoli odzyskiwała pewność siebie i wykonywała polecenia. Kiedy po badaniach zostałyśmy same, w końcu przemówiła. Jej głos brzmiał niepewnie.

– Waris, proszę, pomódl się ze mną.

Ujęłam jej dłoń, spojrzałam na kroplówkę, która wisiała nad łóżkiem i skłoniłam głowę do modlitwy. Kiedy mama wyszeptała po arabsku pierwsze zdania, moje oczy napełniły się łzami.

Mama spała przez prawie siedem godzin. Na zewnątrz zaczął padać śnieg. Ledwo skupiłam wzrok na tym, co się działo za oknem, kiedy głębokie westchnienie przywróciło mnie do rzeczywistości. Zerknęłam na łóżko. Oczy mamy wciąż były zamknięte. Spała. Czy był to jęk bólu, czy ulgi? Naprawdę nie potrafiłam powiedzieć.

Pokój wydawał się dosyć ciemny, ponieważ nad łóżkiem paliła się jedyna lampa słabo oświetlająca pomieszczenie. Od czasu do czasu do moich uszu dobiegały z korytarza urywki rozmów. Niekiedy słyszałam zbliżające, a potem oddalające się kroki. Raz coś z hukiem upadło na podłogę. Ale mama spała i nawet się nie poruszyła.

Zawsze byłam bardzo szczupła, ale nigdy tak chuda i wyniszczona jak matka podczas choroby. Próbowałam ocenić, ile kilogramów straciła. Powróciłam myślami do czasów, kiedy pracowałam jako modelka. Zachowanie szczupłej sylwetki nigdy nie kosztowało mnie wiele wysiłku. Było wręcz bardzo łatwe. Nigdy też nie musiałam się głodzić. Przestałam być modelką ponad dziesięć lat temu. To cała wieczność.

* * *

Kochana Mamo!

Chciałabym Ci opowiedzieć o mojej podróży do Włoch, podczas której doświadczyłam czegoś niewiarygodnego. Jak wiesz, od około dziesięciu lat nie mam nic wspólnego ze światem mody. Pewnego dnia nagle zrozumiałam, co mi się przydarzyło.

– Waris, co ty tak naprawdę robisz? – zapytałam samą siebie. – Jaki jest cel twoich działań? Robienie zdjęć, pokazywanie uśmiechu przypominającego reklamę pasty do zębów, spacerowanie w tę i z powrotem po wybiegu – czy tylko po to żyjesz? Czy po to zdecydowałaś się na ucieczkę z Somalii?

W początkach kariery praca modelki bardzo wiele dla mnie znaczyła. Spojrzenia pełne zachwytu i szacunek innych wzmocniły moje poczucie własnej wartości. Czegoś takiego nigdy nie doświadczyłam w Somalii. Kiedy jednak zdałam sobie sprawę z powierzchowności tego świata, moje złudzenia prysły. Od tej chwili przestałam pracować jako modelka.

Pewnego dnia zadzwonił do mnie mój stary przyjaciel, włoski projektant Gianfranco Ferré. Zaprosił mnie do udziału w pokazie mody w Rzymie. Gianfranco jest jednym z tych projektantów, którzy naprawdę zasługują, by nazwać ich „stylistami i kreatorami mody". Ubieranie kobiet jest dla niego sztuką.

Gianfranco cieszy się też opinią osoby niezwykle życzliwej. Wspiera wiele organizacji i inicjatyw pomocowych. Kiedy rozmawialiśmy przez telefon, wyjaśnił mi, jakie są jego plany.

– Rai Uno, największa włoska stacja telewizyjna, planuje zorganizowanie gali „wielkiej czwórki" włoskiego przemysłu mody: Valentina, Georgia Armaniego, Donatelli Versace i, no cóż, także mojej skromnej osoby. Każdy projektant ma zaprezentować swoją ostatnią kolekcję i może zaprosić gwiazdę jako gościa specjalnego. Program „Una notte a Roma" będzie nadawany na żywo w czasie największej oglądalności. Wszyscy we Włoszech go zobaczą – powiedział – ponieważ nasza czwórka nie występowała razem w telewizji od ponad dwudziestu lat. Każdy z nas będzie miał trochę czasu, by opisać swoją pracę. Chciałbym przedstawić ciebie, Waris. Pragnę oferować ci mój czas na wygłoszenie przemówienia, abyś mogła opowiedzieć o swojej kampanii i fundacji milionom ludzi.

Jego propozycja mnie ujęła; obiecałam, że przyjadę.

Gianfranco jest znany ze swej szczodrości. Razem z Joanną poleciałam do Rzymu klasą biznes. Na lotnisku zostałam powitana jak królowa. Zamieszkałam w apartamencie najlepszego hotelu w Rzymie – słynnego Hotel Hassler.

Po południu przeprowadziliśmy próbę przed galą. Byłam w dobrym nastroju i muszę przyznać, że ponowne znalezienie się w świecie mody po tak wielu latach sprawiło mi przyjemność. Podczas przerwy powiedziałam Joannie:

– Chodźmy zobaczyć garderobę. Chciałabym się przekonać, czy znam jeszcze jakieś modelki.

Rai Uno sprowadziło najlepsze reprezentantki tego zawodu z całego świata. Jedna z asystentek producenta zaprowadziła nas do garderoby. Otworzyła drzwi, a ja na chwilę zaniemówiłam. Zobaczyłam młodą ko-

bietę bez żadnego makijażu, która sprawiała wrażenie, jakby dopiero co uciekła z Afryki przed głodem. Jej skóra przypominała cienki pergamin, naciągnięty na ramiona, uda i kości policzkowe. Kości jej kolan i łokci były wyraźnie widoczne przez skórę.

Pomyślałam, że ta kobieta jest chora. Uznałam ją za specjalnego gościa innego projektanta, który chciał przedstawić jakąś ważną kwestię. Być może w bardzo spektakularny sposób miała zwrócić uwagę na panujący na świecie głód. Ale wówczas dostrzegłam inne dziewczyny – wszystkie były przeraźliwie chude, po prostu skóra i kości. Widok był wstrząsający.

A więc takie dziewczyny uchodziły dziś za top modelki. W czasach, gdy byłam modelką, nigdy nie widziałam takich dziewcząt na wybiegu. Oczywiście należało mieć szczupłą sylwetkę, ale nie aż tak chudą. Nie mogłam uwierzyć własnym oczom. Dziewczyny wydawały się bliższe śmierci niż życia.

Mamo, czyż nie żyjemy w świecie pełnym absurdów? W Afryce śmierć głodowa grozi dwustu czterdziestu milionom ludzi. Brakuje im jedzenia i picia. A co dzieje się tutaj, w świecie bogactwa? Dramatyczną niedowagę uznaje się za ideał pięknej sylwetki! Dziewczyny, które wyglądają niemal jak szkielety, przedstawiane są przez przemysł mody jako wzór do naśladowania.

Trudno ci będzie w to uwierzyć, Mamo, ale coraz więcej młodych kobiet w Europie cierpi na chorobę zwaną anoreksją. Wiele dziewcząt próbuje naśladować te biedne istoty nazywane modelkami. Często przez cały dzień zjada jedynie jabłko lub pomidor. Niektóre z nich całymi dniami nie jedzą ani jednego solidnego posiłku. Piją płyn do mycia naczyń, by zwymiotować to, co przed chwilą zjadły. Zażywają tabletki, które sprawiają, że stają się szczuplejsze.

Coraz częściej owe skrajne formy głodówek mają śmiertelne konsekwencje.

Mamo, kiedy pracowałam jako modelka, zdarzały się trudne sytuacje. Na przykład dla potrzeb telewizyjnej reklamówki musiałam jechać na nieoswojonym byku i ciężko się zraniłam. Nigdy jednak nie byłam zmuszona głodzić się na śmierć.

Gianfranco Ferré i jego pokaz stanowiły punkt kulminacyjny wieczoru. Zgodnie z obietnicą, pozwolono mi zaprezentować moją fundację i prowadzoną przeze mnie kampanię przeciwko okaleczaniu żeńskich narządów płciowych. Po pokazie wielu mieszkańców Włoch odpowiedziało na mój apel. Niemniej jednak wciąż prześladuje mnie widok wychudzonych modelek.

* * *

Drzwi szpitalnego pokoju otworzyły się i wszedł lekarz. Usiadł obok mnie. Przekonywał cierpliwie po angielsku, że nie muszę zostawać w szpitalu na noc. Początkowo nie chciałam opuszczać mamy. Wkrótce jednak myśl o śnie zakiełkowała w mojej głowie, sprawiając, że zatęskniłam za swoim łóżkiem. W końcu będę mogła pospać! Nie pamiętam, kiedy ostatni raz spałam w prawdziwym, wygodnym łóżku.

Wiedziałam, że mama ma zapewnioną najlepszą opiekę. Wyszłam cicho z pokoju i wezwałam taksówkę, która zabrała mnie do wiedeńskiego mieszkania.

Następne dni były do siebie podobne. Rano przychodziłam do szpitala i spędzałam tam cały dzień. Siedziałam przy łóżku matki, rozmawiałam z nią i próbowałam dodać jej otuchy. Późno w nocy wychodziłam ze szpitala. W owym czasie spadło dużo śniegu. Białe płatki lecące z nieba stale mi towarzyszyły w drodze do szpitala i z powrotem.

W tych dniach dużo się modliłyśmy. Moja matka jest bardzo religijną muzułmanką. Zawsze trzyma w dłoniach swój różaniec z trzydziestu trzech pereł. Muzułmański różaniec składa się z trzydziestu trzech paciorków. Przesuwając je trzykrotnie, wierni wypowiadają dziewięćdziesiąt dziewięć imion Boga. Z każdym paciorkiem muzułmanin wypowiada jedną inwokację, ale zawsze tę samą, którą wybrał spośród dziewięćdziesięciu dziewięciu. Niekiedy modlący się zachowują wypowiadaną przez siebie inwokację w tajemnicy.

Zgodnie z nauką islamu, ten, kto zna dziewięćdziesiąt dziewięć imion Boga, wstąpi do raju. Setne imię Allaha pozostaje dla jego wyznawców nieznane i niewypowiedziane. Mądrość ludowa mówi, że jedynie wielbłądy znają setne imię Allaha. Powiada się, że właśnie dlatego zwierzęta te mają tak dumny wygląd. Ludzki umysł nie może zrozumieć Allaha, ponieważ Bóg jest większy niż nasz rozum. Dominuje nad wszystkim, panuje nad wszystkim i jest absolutnym władcą wszechświata.

Lekarze dokładnie zbadali matkę i wkrótce odkryli przyczynę dokuczającego jej bólu. Badanie ultradźwiękami dało im pewność – matka cierpiała na kamienie żółciowe. Mogą one powodować nieznośny ból, który przenika całe ciało. Wywołują skurcze trwające od kilku minut do kilku godzin.

Kiedy usłyszałam diagnozę, nie mogłam w nią uwierzyć. „Jakie to banalne!" – pomyślałam.

Gdy cierpi się na kamienie żółciowe w Europie czy w Stanach Zjednoczonych, ból można złagodzić w bardzo krótkim czasie. Moja matka musiała przejść przez piekło, ponieważ na pustyni nie ma szpitali ani lekarzy, których można szybko wezwać na pomoc. Ponadto ludzie często nie mają dość pieniędzy, żeby wybrać się do szpitala i zapłacić za leczenie.

Kiedy lekarze odkryli już przyczynę bólu matki, chcieli porozmawiać ze mną. Przekazali mi dobrą wiadomość. Okazało się, że usunięcie kamieni żółciowych wymaga tylko niewielkiego zabiegu. Wyjaśnili mi tajniki tego zabiegu i zapewnili, że ryzyko komplikacji jest bardzo małe.

– To rutynowa operacja – oznajmili.

Wciąż jednak byłam bardzo zdenerwowana. Wróciłam do mamy i powiedziałam jej o wynikach badań.

– Jestem pewna, że to kamienie, które zwykle żułam, kiedy byłam głodna – powiedziała z pewnością w głosie. – Jak je wyjmą, dopilnuj, żeby natychmiast mi je oddali.

Obiecałam matce, że to załatwię. Nie miałam pojęcia, dlaczego życzyła sobie dostać te kamienie, ale nie chciałam jej o to pytać. Być może zamierzała pokazać je znajomym po powrocie do domu jako swego rodzaju trofeum albo pragnęła je zachować ze względu na przesądy, albo po prostu chciała się upewnić, że biali lekarze jej nie okłamali.

Operacja wcale nie trwała długo. Lekarze nie musieli nawet otwierać brzucha. Jak mi wyjaśnili, zabieg został wykonany przez przełyk. Jeden z lekarzy zapewnił mnie, że najważniejszy jest teraz całkowity powrót do zdrowia. Popatrzył na mnie i prawdopodobnie zauważył, że byłam skrajnie zmęczona. Dosłownie zamykały mi się oczy. Nadmiar emocji sprawił też, że zupełnie zapomniałam o jedzeniu.

– Czy mogę pani podać filiżankę kawy? – zapytał lekarz.

Grzecznie odmówiłam. Chciałam możliwie jak najszybciej wrócić do domu.

– Czy mógłby mi pan przynieść kamienie, które wyjęliście podczas operacji?

Po kilku minutach lekarz wrócił, trzymając w dłoni pięć średniej wielkości kamieni. Do dziś nie wiem, czy były to rzeczywiście kamienie żółciowe mojej mamy, czy po prostu kilka kamyków ze szpitalnego ogrodu. Nie obchodziło mnie to i nadal nie zastanawiam się nad tym, skąd pochodziły. Najistotniejszy był dla mnie fakt, że matka czuła się lepiej.

Weszłam ukradkiem do pokoju, w którym leżała. Uważnie spojrzałam na jej twarz. Oddychała głęboko i spała spokojnie. Wzięłam szalik, czapkę i płaszcz i wyszłam ze szpitala.

Na ulicy było wyjątkowo cicho, lecz dokuczało zimno. Ogromne ilości śniegu tłumiły odgłosy poruszających się po ulicach samochodów. Szukałam taksówki, ale nie mogłam znaleźć. Byłam naprawdę zdziwiona. Przy szpitalach stoi zazwyczaj wiele taksówek.

Trochę się zirytowałam, ale udało mi się uspokoić. Postanowiłam przejść spacerem całą drogę do domu. Zdążyłam już dobrze poznać Wiedeń, wiedziałam więc, którędy iść. Złość szybko mi przeszła. Świeże powietrze sprawiło, że poczułam się znów wolna i zrelaksowana. Poza tym zaczęłam wierzyć, że teraz wszystko ułoży się pomyślnie. Zdecydowałam, że omówię w końcu z mamą różne sporne kwestie. Jakiś wewnętrzny głos podpowiadał mi, że nadszedł odpowiedni moment, właśnie teraz, kiedy udało mi się znaleźć swoje miejsce w nowym świecie. Przywiozłam mamę do Wiednia i wybawiłam od długotrwałego cierpienia. Czułam nawet pewną dumę i być może spodziewałam się też po niej nieco wdzięczności. Życie jednak rzadko układa się tak, jak sobie tego życzymy.

Moje skrzypiące na śniegu kroki sprawiły, że wkrótce zapomniałam o dojmującym chłodzie. Szybki spacer mnie rozgrzał. Miałam nawet ochotę tańczyć. Na szczęście ze względu na pogodę na ulicach nikogo nie było. Gdyby otaczał mnie tłum przechodniów, pomyśleliby prawdopodobnie, że jestem niepoczytalna. Tańczyłam na śniegu, aż zaczęło mi się kręcić w głowie i musiałam usiąść na ławce.

Było niedługo po północy. W mieście powoli zapadała cisza. Próbowałam zapanować nad oddechem, szukając w torebce telefonu. Być może powinnam zadzwonić do szpitala i sprawdzić, czy matka się nie obudziła? Zdjęłam rękawiczkę, żeby móc łatwiej wybrać numer. W tym momencie zauważyłam, że zapomniałam zabrać karteczkę z telefonem szpitala. Musiałam ją tam zostawić. Znów poczułam, że jest mi przeraźliwie zimno. Tęskniłam za światłem i ciepłymi promieniami słońca. Pomyślałam o Bafing Kulu, utalentowanym muzyku z Mali, którego poznałam w Paryżu przez moją przyjaciółkę Lindę Weil-Curiel. W swojej ojczyźnie cieszył się wielką sławą. Jego piosenki mówiły o biedzie, wyzysku, dzieciach-żołnierzach, a także o prawach kobiet. Radio nadawało utwory Bafing Kula, a ludzie czuli się szczęśliwi, ilekroć śpiewał je w ich rodzinnych wioskach.

Wszystko uległo zmianie, kiedy napisał piosenkę o okaleczaniu żeńskich narządów płciowych. Żadna ze stacji radiowych nie chciała jej nadawać, Bafinga bojkotowano i grożono mu. Musiał uciekać z Mali. Gdyby temat nie był tak poważny, można by się z tego śmiać: mężczyzna musi opuścić Afrykę, ponieważ sprzeciwia się obrzezaniu kobiet.

Bafing Kul schronił się we Francji, gdzie spotkał Lindę Weil-Curiel, odważną i inteligentną prawniczkę, która prowadzi walkę z okaleczaniem żeńskich narządów płciowych. Linda pomogła mu finansowo, dzięki czemu przetrwał. Ułatwiła mu podjęcie pracy w charakterze muzyka we Francji. Po pewnym czasie Bafing nagrał piosenkę *Małe dziewczynki z Afryki*, która stała się jednym z moich ulubionych utworów.

Kiedy nuciłam piosenkę, zauważyłam, że wciąż trzymam w dłoni komórkę. Wezwałam taksówkę, której kierowcę znałam osobiście. Przyjechał w ciągu kilku minut i zawiózł mnie do domu.

Podczas jazdy patrzyłam przez okno.

– Wiedeń jest takim pięknym miastem, szczególnie przed Bożym Narodzeniem – powiedziałam bardziej do siebie niż do niego.

Kocham jasność i światła. W tygodniach poprzedzających Boże Narodzenie cały Wiedeń jest oświetlony. Miasto lśni i mieni się różnymi kolorami bardziej niż w jakimkolwiek innym okresie roku. Jechaliśmy ulicą Landesgerichtsstraße. Próbowałam przetrzeć szybę ręką, by zobaczyć Josefstädter Straße. Ulica przypominała ogromny salon z ozdobnymi, wysokimi kandelabrami. Kilkuramienne latarnie oświetlały całą ulicę różnymi odcieniami błękitu. Dwoje kochanków przytulało się do siebie przy wejściu do domu. Skręciliśmy w prawo, następnie w lewo, po czym znaleźliśmy się na Ringstraße. Adwentowy kalendarz umieszczony na ratuszu rywalizował ze światłami bożonarodzeniowego targu. Ostatni klienci straganów sprzedających poncz próbowali chronić się przed lodowatym zimnem, otulając się ciepłymi płaszczami. Za dnia życie w Wiedniu toczyło się w szalonym tempie. Zwłaszcza w okresie przed świętami Bożego Narodzenia było dosyć stresujące, ale późno w nocy wydawało się niewiarygodnie piękne i spokojne.

Tej nocy po raz pierwszy od długiego czasu dobrze spałam. Ostatnie tygodnie były dla mnie bardzo wyczerpujące. Teraz, kiedy wiedziałam, że stan zdrowia mamy znacznie się poprawił, poczułam wielką ulgę. Miałam wrażenie, jakby ktoś zdjął ze mnie ogromny ciężar. I wszystko to zdarzyło się, zanim zdążyłam z nią porozmawiać. Miałam nadzieję, że następnego dnia omówimy różne sprawy.

Obudziłam się o ósmej rano. Na zewnątrz dzień dopiero się zaczynał. Wyjrzałam przez okno. Wszystko wskazywało na to, że będzie to następny dzień bez odrobiny słońca. Nadal padał gęsty śnieg. Poszłam do kuchni i zrobiłam sobie herbatę z kardamonem. Usłyszałam w radiu, że Wiedeń czeka kolejny zdezorganizowany dzień ze względu na utrudnienia w ruchu ulicznym. Przyczyną były obfite opady śniegu.

Chociaż sądzę, że zdążyłam już dostatecznie dobrze poznać stolicę Austrii, to jednak wciąż skrywa ona przede mną różne tajemnice. Śnieg pada w Wiedniu każdej zimy, a mimo to wiedeńczycy są tym co roku zaskoczeni. Równie zabawny byłby fakt, gdybyśmy my, ludzie pustyni, byli zdziwieni powtarzającymi się burzami piaskowymi.

Tej nocy poprosiłam taksówkarza, by zabrał mnie sprzed domu następnego ranka. Przyjechał punktualnie swoim białym mercedesem, ale ja jak zwykle byłam spóźniona. Wydawał się dosyć poirytowany, nie z powodu mojej niepunktualności, ale ze względu na korki na ulicach spowodowane śniegiem. Miałam wrażenie, że tylko rzucane od czasu do czasu przekleństwa pomagały mu przedzierać się przez miasto.

Wiedeń znów tętnił życiem. Był pełny ludzi obładowanych świątecznymi paczkami. Niekiedy mieszkańcy naddunajskiej metropolii sprawiali wrażenie rozdrażnionych. Pośpiesznie wchodzili do sklepów lub uskakiwali na bok, próbując uniknąć mokrego śniegu, który samochody rozbryzgiwały na chodniki.

Droga do szpitala zajęła nam godzinę, podczas gdy w normalnych warunkach potrzebowalibyśmy na to pół godziny. W szpitalu podszedł do mnie jeden z lekarzy. Przywitał się ze mną i zaprowadził do pokoju matki. Miała otwarte oczy, ale jej spojrzenie początkowo mnie przeraziło. Podeszłam do łóżka i usiadłam na krześle obok niej. Domyślałam się, że mama wciąż czuje się zmęczona.

– Jak się masz? – zapytałam ją łagodnie.
– Sama nie wiem.

Podobnie jak zdarzało się to wiele razy przedtem, miałam wrażenie, że nasza rozmowa dobiegła końca, zanim w ogóle się rozpoczęła.

– Jesteś głodna? – zapytałam.

Pokręciła głową.

– Chce ci się pić?

Podałam jej filiżankę ciepłego naparu z rumianku stojącą na nocnym stoliku obok łóżka. Następnie wstałam i podeszłam do okna. Czułam, jak ogarnia mnie gniew. Coraz bardziej męczyło mnie to ciągłe milczenie pomiędzy nami. W ciągu tych wszystkich lat musiałam ukrywać tak wiele rzeczy. Bałam się, że się nimi uduszę, jeżeli nie pozwolę im wydostać się na zewnątrz. Tymczasem mama miała mi do zaoferowania jedynie monosylaby i milczenie.

Tak wiele chciałam jej powiedzieć, ale w tym momencie nie miałam po prostu siły, żeby to zrobić. Odstawiłam filiżankę na nocny stolik. Przez chwilę żadna z nas nic nie mówiła.

Niespodziewanie mama przerwała milczenie. Zapytała:

– Czy jest już po wszystkim?
– Tak, mamo, już po wszystkim.
– Gdzie jest blizna? Chcę ją zobaczyć.
– Nie ma blizny, mamo.
– Nie ma blizny?
– Nie, lekarze wyjęli kamienie przez przełyk. Pięć kamieni.
– Pozwól mi je zobaczyć. Chcę zobaczyć te kamienie.

Mama była bardzo podniecona, jej twarz promieniała radością. Otworzyłam szufladę nocnego stolika i wyjęłam kamienie, które dał mi wczoraj lekarz.

Trzymała je w dłoniach i przypatrywała się każdemu z nich ze wszystkich stron.

– I wszystkie były tutaj? – Wskazała na swój brzuch.
– Tak.

– Chciałabym nosić te kamienie na szyi jako talizman i pamiątkę – oświadczyła stanowczo.

– Dam ci naszyjnik z małą skórzaną torebeczką – obiecałam.

Kiedy wróciłam następnego dnia, mama najwyraźniej czuła się lepiej. Zauważyłam to natychmiast, gdy tylko weszłam do pokoju. Przybrała szczególny wyraz twarzy. Mama jest osobą o dużym poczuciu humoru. Często mówi zabawne rzeczy, które prowokują do śmiechu. W takich chwilach jej twarz przypomina buzię kilkulatka, który coś zbroił. Potrafi jednak być także bardzo cyniczna i ranić ludzi swoim specyficznym poczuciem humoru. Usiadłam przy łóżku. Miałam nadzieję, że matka pogłaszcze mnie po głowie, jak wówczas, gdy byłam małym dzieckiem. Chciałam po prostu usłyszeć kilka słów wdzięczności lub coś w tym stylu. Ale nic takiego się nie stało.

Poczułam się ogromnie rozczarowana. Podczas ostatnich tygodni robiłam wszystko, co mogłam, żeby jej pomóc. Wydostałam ją z Somalii, zorganizowałam najlepsze leczenie, ale nie usłyszałam zwykłego „dziękuję" ani pochwały, ani jakichkolwiek innych wyrazów uznania.

– Dlaczego nie nosisz już spódnic? – zapytała nagle matka.

Naprawdę nie wiedziałam, co chce mi dać do zrozumienia.

– O co ci chodzi, mamo?

– A o co może mi chodzić, kiedy zadaję ci to pytanie? Odkąd się zobaczyłyśmy, jedyną rzeczą, którą wkładasz, są te niebieskie spodnie. To nie jest odpowiedni strój dla kobiety.

Spojrzałam na swoje spodnie. Kiedy nie znajduję się w centrum uwagi, lubię ubierać się prosto, toteż zazwyczaj noszę dżinsy, bawełniane koszulki i pulowery. W tym stroju było mi najwygodniej zarówno w Abu Zabi, jak i w samolocie. Kiedy wróciłyśmy do Wiednia, szukanie odpowiednich ubrań byłoby stratą czasu. Gdy się tu znalazłyśmy, myślałam jedynie o matce. Ubierając się, wkładałam po prostu pierwszą rzecz, którą miałam pod ręką – zazwyczaj były to niebieskie dżinsy i koszulka z krótkim rękawem.

– Ależ mamo, czuję się w tym znacznie wygodniej niż w czymkolwiek innym.

– To nie jest odpowiedni strój dla kobiety – powtórzyła.

Mama nosi zawsze tradycyjne somalijskie stroje, kolorową chustę i sandały. Nawet tutaj, w Wiedniu.

Byłam bliska płaczu.

– Mamo, spotkałyśmy się po raz pierwszy od tak wielu lat, tymczasem pierwszą rzeczą, o której mówisz, jest niewłaściwy sposób, w jaki się ubieram.

– Nie chodzi tylko o to, w co się ubierasz, Waris – odpowiedziała mama. – Ważne, co chcesz zademonstrować, nosząc dżinsy. Twój ubiór świadczy o tym, że wypierasz się swego kraju i pochodzenia. Wszyscy nosimy somalijskie stroje – w kraju i za granicą. Ty nie. Chlubimy się tym, kim jesteśmy i skąd pochodzimy. Staramy się pokazać naszą dumę. Ty zaś wstydzisz się swoich korzeni.

– Ależ to nieprawda – odparłam. – Świadomość, że jestem Somalijką, napawa mnie dumą. Walczę jedynie z zacofaniem. Nie tylko w Somalii, ale w całej Afryce kobiety są traktowane jak śmieci. A najgorszy jest fakt, że kobiety wciąż bronią tych obyczajów. Kobiety takie jak ty, mamo.

– Jak śmiesz tak do mnie mówić? – Matka usiadła na łóżku i spojrzała mi prosto w oczy. – Jestem twoją matką. Wychowałam cię i zawsze dobrze traktowałam.

– Ależ mamo, nie rozumiesz? Jeżeli kobiety nie zaczną walczyć o swoje prawa, nic się w Afryce nie zmieni. Wszystko pozostanie po staremu. Zawsze będziemy ciemiężone. Nasze cierpienie nigdy się nie skończy! W Afryce sześćset tysięcy kobiet rocznie umiera podczas ciąży albo po urodzeniu dziecka. Jedna kobieta na minutę. Dziewczynki są mniej warte od chłopców, dostają mniej jedzenia, kiedy są niemowlętami, i zapewnia im się leczenie gorszej jakości. Nasze córki nie mogą poślubić mężczyzny, którego kochają. Ich niechcianym partnerem zawsze zostanie ten, który zaoferuje ich ojcom najwięcej pieniędzy. Wiele kobiet zostaje zarażonych wirusem HIV przez swoich mężów. Tymczasem o rozprzestrzenianie tej strasznej choroby oskarża się ich żony.

Matka uniosła rękę jak dziecko, które próbuje osłonić się przed uderzeniem.

– Nie chcę tego słuchać, Waris. To nasze tradycje. Wypierasz się obowiązujących obyczajów. Jesteś niewdzięczna. Wychowanie was na pustyni było dla nas bardzo trudne. Miałaś wszystko, czego potrzebowałaś, a teraz plujesz na mnie i rodzinę.

Teraz już nie byłam w stanie się powstrzymać.

– Jak mogłaś kiedykolwiek zapomnieć, co mi zrobiłaś tamtego ranka, kiedy byłam jeszcze dzieckiem? Wzięłaś mnie za rękę i odprowadziłaś na bezpieczną odległość od naszych chat, pamiętasz, mamo? Był wczesny ranek. Kobieta dokonująca obrzezania już na mnie czekała. Ta sama kobieta obrzezała wcześniej moje starsze siostry. Wzięła żyletkę i sięgnęła między moje nogi. Włożyłaś mi między zęby korzeń, bo obawiałaś się, że mogę odgryźć sobie z bólu język. Kobieta splunęła na żyletkę. „Bądź dzielna i zachowaj spokój, Waris – powiedziałaś. – To się szybko skończy". Nie chciałam jednak być dzielna i spokojna. Nadal nie chcę. Wciąż prześladuje mnie wspomnienie bólu nie do opisania, który męczył mnie jeszcze wiele dni po tym okrutnym zabiegu, kiedy byłam bliżej śmierci niż życia. Nie potrafię wymazać z pamięci tych straszliwych chwil. Myślę o nich każdego dnia.

– Przecież każda dziewczynka musi zostać odpowiednio „przystosowana" – przerwała mi matka. – To jest zgodne z naszą tradycją i religią.

– Nieprawda. Żadna religia na świecie nie może być tak okrutna.

– Wiem, jak to boli, Waris. Ja też jestem obrzezana. Tak samo twoja babka, jej matka i wszystkie twoje siostry i ich przodkowie w linii żeńskiej. Zabieg sprawia ból, ale także czyni nas silniejszymi kobietami. Kiedy rany się zagoją, czujesz się pełną kobietą, pełnym członkiem społeczeństwa.

– Ale rany nigdy się nie zabliźniają, mamo! – Zerwałam się z krzesła na równe nogi. – Tamten ranek na pustyni pozostawił głębokie blizny na mojej duszy, które nigdy się nie zagoją. Ten dzień niemal zniszczył mi życie – przerwałam na chwilę, ale nie mogłam już dłużej ukrywać swoich uczuć. – Zabieg obrzezania wpędził mnie w alkoholizm. Kiedy rana się otwiera i pojawia się przejmujący ból przepływający przez moje ciało, zaczynam pić. Chciałam ci to powiedzieć już dawno temu, ale nie potrafiłam. Nadal nie potrafię.

Wybiegłam z pokoju. Byłam bardzo zła i jednocześnie smutna. Ludzie na korytarzu odwracali się za mną, kiedy przechodziłam obok nich. Nie przejmowałam się tym. Łzy spływały mi po policzkach. Cały mój ból musiał wypłynąć na zewnątrz.

* * *

Muszę ci coś powiedzieć, Mamo. Od wielu lat próbuje nade mną zapanować szatan. Chce mnie schwytać i pociągnąć za sobą w dół. Zawsze myśli o nowych sposobach oszukania mnie. Przebiera się, zmienia głos i pojawia się tam, gdzie nawet nie podejrzewasz, że go spotkasz. Jest mistrzem kamuflażu i złudzenia.

Diabeł może nawet uchodzić za dżentelmena. Oferuje pomoc, przysłuchuje się twoim zmartwieniom, zachowuje się uprzejmie i kulturalnie. Uświadamiasz sobie jego prawdziwe intencje, kiedy jest już za późno. Do tej pory nie miałam wystarczająco sił, by uwolnić się z jego uścisku. Ale nieraz byłam już tego naprawdę bliska.

Kiedy pokazuję Ci zdjęcia z mojego życia, gdy pracowałam jako modelka, zawsze wyglądam na nich na osobę zdumiewająco silną. Jednak fotografie te nie ukazują prawdziwego oblicza Waris. Przedstawiają jedynie twarz, którą postanowiłam pokazać światu. Kiedy gaśnie błysk fleszy, czuję się często słaba, bezbronna i samotna. To wówczas demon wyczuwa swoją szansę.

Gdy mnie dosięga, posyła mi „złą wodę". Wie, jak bardzo jest kusząca. I zdaje sobie sprawę, jaki wywiera na mnie wpływ.

Miałam osiemnaście lat, kiedy po raz pierwszy poznałam „złą wodę". Byłam wschodzącą gwiazdą w świecie mody. Zawarłam pierwsze kontrakty ze słynnymi projektantami i zainteresowały się mną najlepsze magazyny mody. Dostałam propozycję od Pirellego. Jest to włoski producent opon, który każdego roku publikuje na prawach wyłączności słynny kalendarz. To zaszczyt być jedną z postaci sfotografowanych do tego kalendarza. Tylko najlepsi artyści fotograficy i najbardziej znane modelki bywają zapraszani do udziału w tym przedsięwzięciu. Kalendarz jest rozsyłany do znanych i najbardziej wpływowych osób na świecie. Teraz nadeszła moja kolej, by znaleźć się u Pirellego.

Sesja fotograficzna do kalendarza sprawiła, że stałam się sławną modelką. Bywałam coraz częściej zapraszana na przyjęcia. Korzystałam z tych zaproszeń, ponieważ miałam możliwość spotkać tam interesujących i ważnych ludzi, a także dlatego, że przyjęcia stanowią część życia modelek. To świat, w którym widuje się ludzi i można być przez nich dostrzeżonym.

Pewnego dnia przyjaciele zaprosili mnie na sylwestra. Pamiętam, że ktoś zaproponował mi drinka. Przyjęcie trwało w najlepsze, w pokoju rozlegała się muzyka. Wszyscy dobrze się bawili. Ktoś podał mi kieliszek wypełniony białymi bąbelkami przypominającymi perełki. Pomyślałam, że wygląda to zabawnie, i wypiłam łyczek. Początkowo nie mogłam sobie uzmysłowić smaku napoju, ponieważ czułam mrowienie na języku. Smak kojarzył mi się z sokiem jabłkowym. W każdym razie drink przypadł mi do gustu i poprosiłam o następny kieliszek. Dopiero później zdałam sobie sprawę, że tego wieczoru demon zastawił na mnie pułapkę, a ja w nią wpadłam.

Najgorsze było to, że nie wiedziałam, co mi się przydarzyło. Kiedy obudziłam się następnego dnia, bolała mnie głowa. Sądziłam, że to z powodu zmieniającej się pogody. Chciało mi się bardzo pić, ale pomyślałam, że to dlatego, że przyjęcie odbywało się w dusznym pomieszczeniu, przez co wyschło mi w gardle. Wypiłam hektolitry wody, ale nie skojarzyłam tego z gazowanym drinkiem, którego spróbowałam poprzedniego wieczoru.

Następnego dnia znowu poszłam na przyjęcie. Ciąg zdarzeń się powtórzył. Moje życie toczyło się w ten sposób przez kilka tygodni. Zakochałam się w tej szczególnej, gazowanej wodzie. W ciągu dnia czekałam na poprawiające nastrój uczucie, które napój dawał mi wieczorem. Dlaczego miałabym się dzisiaj martwić o jutrzejszy ból głowy?

Mamo, wiesz, kiedy uciekłam z domu, byłam młodą i niedoświadczoną dziewczyną. Nie umiałam czytać ani pisać. Ale, co gorsza, nic nie wiedziałam o świecie ani o czekających mnie w nim niebezpieczeństwach. Przypominałam małą gazelę odłączoną od matki, przerażoną, samotną i pozbawioną ochrony. Stałam się łatwym łupem dla demona.

Miesiąc później słynny fotograf umówił się ze mną na sesję zdjęciową. Byłam bardzo zdenerwowana i spóźniłam się na nią. Fotograf się rozgniewał.

– Pośpiesz się. Nie lubię tracić czasu!

Natychmiast poszłam do przymierzalni, gdzie czekała na mnie wizażystka. Poznałam ją podczas poprzednich sesji.

– Hej, Waris, wyglądasz dzisiaj na zestresowaną – powiedziała. – Musisz odpocząć, inaczej wpakujesz się w paskudne kłopoty.

– Tak, wiem o tym. Próbuję się odprężyć.

Kiedy kończyła robić mi makijaż, fotograf krzyknął:

– Gdzie się podziała ta przeklęta modelka?

Wzdrygnęłam się i poczułam, jak całe moje ciało się naprężyło. Wizażystka zdawała sobie sprawę z mojego samopoczucia.

– Waris, w lodówce jest otwarta butelka szampana – powiedziała. – Wypij kieliszek. Pomoże ci się zrelaksować.

– Ale ja nie piję – odparłam.

– Nie mamy tu czasu na ideologiczne dyskusje. Weź łyczek i poczujesz się lepiej, zobaczysz.

Podeszła do mnie z kieliszkiem, a ja wypiłam duszkiem. Rzeczywiście samopoczucie znacznie mi się poprawiło. Poczułam się też wyzwolona i rozluźniona. Wydawało się, że napięcie zniknęło i zrobiliśmy fantastyczne zdjęcia. W ten oto sposób zaczął się bardzo mroczny rozdział mego życia.

Tysiące młodych dziewcząt z całego świata chcą zostać modelkami. Na stoiskach z gazetami widzą efektowne czasopisma z ładnymi twarzami na okładkach. Czytają o tym, jak modelki podróżują po świecie. Dziś Nowy Jork, jutro Mediolan, Paryż czy Londyn. Słyszą, jak wiele euro i dolarów zarabiają jednego dnia te dziewiętnastoletnie, dwudziestoczy dwudziestoczteroletnie dziewczyny. A przecież wymaga się od nich tylko atrakcyjnego wyglądu i uśmiechu. Łatwo zarobione pieniądze. Spełnienie marzeń.

Ale, Mamo, praca modelki jest bardzo ciężka. Jedynie kilka dziewcząt wspina się na szczyt i tam się utrzymuje. Trzeba sobie narzucić surową dyscyplinę, poddawać katuszom swoje ciało. Każdego dnia aplikowano mi tabletki, które sprawiały, że stawałam się szczuplejsza. Alkohol i inne używki miały podobno za zadanie mnie zrelaksować i uwolnić od stresu. Widziałam, jak wiele karier się załamało.

Moja kariera modelki rozwijała się w nieprawdopodobnym tempie. Castingi tutaj, praca tam, oferty filmowe, propozycje z telewizji, sesje zdjęciowe. Każdy mnie chciał widzieć u siebie. Zawsze byłam umówiona, zawsze w drodze, zawsze na adrenalinie. W tej pracy wiele się podróżuje. Często trzeba wstawać bardzo wcześnie i kłaść się bardzo późno w nocy. Stajesz się częścią systemu. Nigdy nie brałam twardych narkotyków, Mamo. Ale zaczęłam używać „złej wody" jako uniwersalnego lekarstwa.

Podczas miesiączek, które nadal są tak bolesne, że muszę zostać w łóżku przez dwa lub trzy dni, zaczęłam się raczyć wodą demona.

Gdy byłam sama w pokoju hotelowym, tęskniłam za krajem. Myślałam o mojej rodzinie i o Tobie, Mamo. W końcu otwierałam minibarek i próbowałam jego zawartością uśmierzyć ból znękanej duszy.

I niekiedy, gdy osaczały mnie mroczne cienie dzieciństwa i ponownie przeżywałam straszne okaleczenie, szukałam ukojenia w „złej wodzie".

Znalazłam się w pułapce błędnego koła, nawet tego nie zauważywszy. Musiało minąć dużo czasu, zanim przyznałam się sama przed sobą, że mam problem.

W pewnym momencie dopadła mnie przykra rzeczywistość. Przez lata myślałam, że „zła woda" pomaga mi czuć się coraz lepiej. To narzędzie demona uniemożliwia człowiekowi zobaczenie siebie takim, jakim naprawdę jest. Wszystko staje się grą. Nic się nie liczy.

Pewnego wieczoru byłam w Los Angeles na sesji zdjęciowej. Dzień był bardzo wyczerpujący. Po sesji odwieziono mnie do hotelu. Marzyłam tylko o tym, żeby zasnąć.

Następnego wieczoru znalazłam się w szpitalu na ostrym dyżurze. Dotknął mnie całkowity zanik pamięci. Ostatnie dwadzieścia cztery godziny zostały z niej wymazane. Pierwszą osobą, którą zauważyłam, kiedy się ocknęłam, była zakonnica. Miała około pięćdziesięciu lat i okrągłą, przyjazną twarz. Od stóp do głów ubrana była w czarno-biały habit. Byłam przerażona. Myślałam, że umarłam i jestem w niebie. Dopiero po pewnym czasie zdałam sobie sprawę, że zakonnica coś do mnie mówi, ale jej słowa dobiegały do mnie z bardzo daleka. Nie mogłam ich zrozumieć. Strasznie bolała mnie głowa, a moje zmysły były otępiałe. Zmobilizowałam wszystkie siły i zapytałam:

– Czy jestem już w niebie? Czy umarłam?

Na twarzy zakonnicy pojawił się uśmiech.

– Nie, Waris, jesteś w szpitalu. Wkrótce znów poczujesz się świetnie.

Kiedy zakonnica wyszła z pokoju, pojawiło się w nim dwoje lekarzy, mężczyzna i kobieta. Powiedzieli mi, że wypiłam zbyt dużo „złej wody" i w rezultacie uległam zatruciu.

– Masz szczęście, że jeszcze żyjesz – powiedziała lekarka. Miała kolorową ulotkę informacyjną, którą dała mi do przeczytania.

– Nie uciekaj. Za chwilę wrócę – powiedziała z uśmiechem i wyszła. Przejrzałam ulotkę, ale niewiele z niej zrozumiałam. Zorientowałam się jedynie, że dotyczy centrum terapeutycznego.

Lekarka wróciła i wyjaśniła mi, o co chodzi. Była to instytucja udzielająca pomocy ludziom, którzy mieli problemy ze „złą wodą".

– Czy możesz mnie tam zabrać już dzisiaj? – zapytałam drżącym głosem.

Lekarka załatwiła mi transport tego samego dnia.

Zostałam tam przez miesiąc, ale niczego się nie nauczyłam.

Kilka tygodni później wróciłam do Nowego Jorku i poszłam do mojej agencji. Wszyscy bardzo się ucieszyli na mój widok.

– *Waris, mamy dla ciebie mnóstwo propozycji pracy. Możesz zacząć od razu i mieć zajęcie przez następne lata! Najbliższa sesja zdjęciowa jest zaplanowana już na jutro.*

Powinnam była zrobić sobie dłuższą przerwę, żeby bardziej gruntownie zająć się moim problemem, ale rzuciłam się w wir pracy, a demon stał się wkrótce moim codziennym towarzyszem.

Walczę z tym problemem od dwudziestu lat. Niekiedy moje starania zostają uwieńczone powodzeniem, niekiedy nie. Poddałam się terapii. Leczyłam się u lekarzy, korzystałam z porad psychologów, ale sukces zawsze był krótkotrwały. Czułam się zrozpaczona, Mamo. Szukałam powodów moich powrotów do nałogu.

– *Dlaczego zawsze wracasz do „złej wody", Waris?* – *to pytanie zadawałam sobie wiele razy.*

Czy chcę uśmierzyć dręczące mnie cierpienie fizyczne i psychiczne, stanowiące konsekwencję mojego okaleczenia?

Czy przyczyną tego stanu rzeczy jest potworny ból, który odczuwam w czasie menstruacji?

Czy powodem jest samotność i poczucie bezdomności?

Czy to wrodzona skłonność?

Wciąż nie znalazłam odpowiedzi, Mamo. Być może istnieje wiele powodów, dla których jestem taka, jaka jestem.

Trzy lata po pierwszym załamaniu pojechałam na kalifornijską pustynię. Po sesji zdjęciowej wszyscy się bawiliśmy – modelki, fotograf, wizażystki i asystentki. Kiedy wzeszło słońce, zdaliśmy sobie sprawę, że niedaleko wznosi się wysoka i skalista góra.

– *Chcę się teraz wspiąć na tę górę* – *powiedziałam.*

– *Zwariowałaś?!* – *zaczęli krzyczeć pozostali uczestnicy imprezy.* – *Musiałabyś przejść z dziesięć kilometrów, a poza tym góra jest stroma i skalista. Nie jesteś doświadczonym wspinaczem.*

– *Co wy tam wiecie* – *odburknęłam.* – *Dorastałam na pustyni. Robimy rzeczy, które są jeszcze trudniejsze.*

Zaczęłam biec. Podczas biegu zaczęło mi się rozjaśniać w głowie. Kiedy dotarłam do podnóża góry, próbowałam znaleźć drogę, by się wspiąć na jej szczyt. Rzeczywiście podejście było dosyć strome. Nie miałam jednak zamiaru się poddawać i wkrótce stanęłam na szczycie góry. Nie było to zbyt trudne – po prostu szłam, prowadzona nakazem woli.

Od tego dnia zaczęłam znów uprawiać sport, przede wszystkim pły-

wanie. Zauważyłam, że kiedy regularnie ćwiczę, nie jestem już tak bardzo złakniona „złej wody".

Biegałam i pływałam, traktując to jako swoistą formę terapii. Poczułam się lepiej w swoim ciele i odwracało to moją uwagę od innych rzeczy. Przestałam już nawet myśleć o „złej wodzie".

Mimo to nie uważam, że jestem uleczona. Gdy prześladują mnie mroczne wspomnienia z dzieciństwa, a ból podczas okresu staje się nie do wytrzymania, albo kiedy wystawia się mnie na pokaz w charakterze produktu lub marki („Spójrzcie, to Waris, kobieta, której narządy płciowe zostały okaleczone"), wówczas ulegam pokusie.

Na tym polega przekleństwo narzędzia demona. Każdy dzień stanowi nową próbę. I tak już będzie zawsze. Przeszłam jednak w życiu z powodzeniem wiele prób. Tę również uda mi się przejść.

* * *

Nazajutrz nie odwiedziłam mamy w szpitalu. Większą część dnia spędziłam w mieszkaniu, gapiąc się przez okno. Czy wszystko już stracone? Czy rozmowa, na którą tak długo czekałam, nie zdała się na nic?

Nie chciałam tak szybko się poddać. Przeleciałam tysiące kilometrów, aby wydostać matkę z pustyni i sprowadzić ją do Austrii. Czy to wszystko miało skończyć się niczym?

Kiedy ponownie odwiedziłam mamę, obie starałyśmy się nie pamiętać, że coś się wydarzyło, że doszło między nami do poważnego sporu. I matka, i ja wiedziałyśmy, że wiele rzeczy pozostało jeszcze niewypowiedzianych, ale nie było to odpowiednie miejsce ani czas, by wszystko zaczynać od początku.

Kiedy już się zbierałam, do pokoju wszedł lekarz.

– Twoja matka może jutro wyjść ze szpitala – powiedział. – Będzie potrzebowała trochę wypoczynku, ale czuje się już dobrze.

Byłam jednocześnie szczęśliwa i zmartwiona. W końcu mogłam mieć matkę u siebie, w swoim mieszkaniu. Matka i córka, afrykańska rodzina zjednoczona w Wiedniu. Wszystko ułoży się dobrze.

Próbowałam przekonać samą siebie, czy też naprawdę w to wierzyłam?

6

Mama w obcym kraju

Wydarzenia zaczęły nabierać tempa. Zabrałam matkę ze szpitala i pojechałyśmy do domu taksówką. Kiedy samochód zatrzymał się przed moim domem, podeszło do nas dwóch wysokich mężczyzn w ciemnych ubraniach i w słonecznych okularach. Można było dostrzec, że pod marynarkami nosili broń. Znałam ich. Obaj pracowali dla austriackiej policji. Byli po cywilnemu, aby nie zwracać na siebie uwagi. Każdy, kto miał zdrowy rozsądek, mógł się jednak z łatwością domyślić, że dzieje się coś niedobrego.

Ci dwaj policjanci chronili mnie już kilka razy. Wrogość wobec mojej osoby i prowadzonej przeze mnie działalności stanowi niemal integralną część mego życia.

– Pojawiła się pod pani adresem następna groźba morderstwa, pani Dirie – powiedział pucołowaty policjant z wąsami. Mówił po angielsku z uroczym austriackim akcentem.

– W porządku – odparłam.

Nie chciałam udawać przed policjantami swobody, ale faktycznie nie czułam się specjalnie przestraszona. Moi przyjaciele zawsze mi mówią, że nie traktuję pogróżek wystarczająco poważnie. Co jednak mogę zrobić? Gdy człowiek za bardzo boi się śmierci, już jest martwy.

Radykalni fanatycy nie przerażają mnie, ale martwią moich przyjaciół. W pewnym sensie zdążyłam się już przyzwyczaić do współpracy z funkcjonariuszami służb bezpieczeństwa, którzy próbują mnie chronić. I tym razem scenariusz miał być podobny. Pracownicy mojej fundacji razem z austriacką policją zajmują się tymi pogróżkami w sposób profesjonalny. Ciągle jednak się zdarza, że szaleńcy grożą mi z powodu prowadzonej przeze mnie walki przeciwko okaleczaniu żeńskich narządów płciowych. Pogróżki te są często wyrażane w anonimowych listach i e-mailach. Próbowano mnie już zastraszyć na różne sposoby.

Mamę onieśmielali dwaj policjanci ubrani po cywilnemu. Początkowo nie chciała nawet wysiąść z samochodu. Próbowałam ją uspokoić, ale nie odnosiło to żadnego skutku. Trzymała się drzwi i nie miała ochoty opuścić samochodu. W dodatku przeklinała po somalijsku. Cała ta sytuacja przyprawiała mnie o gęsią skórkę.

Usiłowałam jej wytłumaczyć, że nie ma powodu się obawiać.

– Mamo, ci mężczyźni są policjantami. Nie zrobią nam krzywdy. Są tutaj, żeby nas chronić.

Zignorowała moją uwagę.

– Co złego robisz, że musi po ciebie przychodzić policja? – W jej głosie brzmiał lekki wyrzut.

W końcu matka się uspokoiła. Powoli wysiadła z samochodu. Sprawiała wrażenie osoby, która obawia się, że w każdej chwili ktoś może ją zaatakować. Gdy tylko wysiadła z taksówki, szybko ruszyła do domu. Kiedy otworzyłam frontowe drzwi, obejrzałam się na moich opiekunów. Podziękowałam im, gdy już odchodzili do swego samochodu. Mama niczego nie zauważyła. Zniknęła za drzwiami budynku.

Przypomniałam sobie pewną sytuację, kiedy przydzielono mi ochronę osobistą. Udzieliłam wówczas wywiadu z okazji uroczystości rozdania nagród w 2004 roku, który odbił się szerokim echem na całym świecie. Katolicka organizacja skupiająca samych mężczyzn przyznała mi nagrodę imienia Oscara Romero. Od 1981 roku nagroda przyznawana jest corocznie ludziom, którzy walczą o sprawiedliwość, prawa człowieka i rozwój w Trzecim Świecie. Oscar Arnulfo Romero był arcybiskupem San Salvador, stolicy Salwadoru w Ameryce Środkowej. Nagrodę ufundowano, by uczcić pamięć tego duchownego, który został zamordowany. Wywiad ze mną opublikowano w wielu krajach afrykańskich, w Stanach Zjednoczonych, Kanadzie, Australii i w Europie. Nieszczęśliwy przypadek sprawił, że błędnie zacytowano moje słowa.

Austriacka agencja prasowa APA dokładnie zrelacjonowała treść wywiadu, w którym użyłam wszystkich argumentów przeciwko okrutnej praktyce okaleczania żeńskich narządów płciowych i zaapelowałam do świata zachodniego, aby porzucił nadmierną ostrożność w podejściu do tej sprawy. Przecież proceder ten ma miejsce nie tylko w Afryce. Coraz więcej dziewcząt pada ofiarą zabiegu obrzezania w Stanach Zjednoczonych i w Europie, ale wszyscy udają, że tego nie widzą. Skrytykowałam również brak ochrony prawnej kobiet. W Austrii istnieje prawo sprzeciwiające się okaleczaniu żeńskich narządów płciowych, jednak nikt nigdy nie stanął przed sądem na mocy tego prawa. Jaki jest sens ustanawiania praw, skoro nikt ich nie respektuje?

Chciałam ponownie wyjaśnić, że ani islam, ani żadna inna religia nie usprawiedliwiają, ani nie nakazują praktyki obrzezania kobiet.

Następujące zdania stanowiły punkt kulminacyjny wywiadu: „Niektórzy muzułmańscy duchowni twierdzą, że zabieg obrzezania był zalecany przez Proroka. To katastrofa. Każdy imam, który nie sprzeciwia się otwarcie okaleczaniu żeńskich narządów płciowych, jest winny zbrodni przeciwko kobietom".

Wybrałam te słowa świadomie, ale nie przewidziałam ich skutku. Śnieżka przekształciła się w lawinę, ponieważ niektóre czasopisma i agencje prasowe dodały zdanie, którego nigdy nie wypowiedziałam. Przytoczyły w druku moje słowa: „Niektórzy muzułmańscy duchowni twierdzą, że zabieg obrzezania był zalecany przez Proroka. To katastrofa. Każdy imam, który nie sprzeciwia się otwarcie okaleczaniu żeńskich narządów płciowych, jest winny zbrodni przeciwko kobietom" i dodały: „Ma na rękach krew małych dziewczynek".

Należę do osób emocjonalnych i często, ze względu na wrodzony upór, zdarza mi się walić głową w mur. Nie można mnie jednak uznać za osobę nierozsądną i nie jest moim celem, by z inteligentnych imamów uczynić swoich wrogów. Właśnie z tego powodu nigdy nie wypowiedziałam takiego zdania. Imamowie mają zasadniczy wpływ na kształtowanie opinii w społeczności muzułmańskiej. Każdy, kto próbuje coś zrobić w walce przeciwko obrzezaniu kobiet, musi najpierw zdobyć ich zaufanie i wsparcie.

Kiedy prasa opublikowała ten fałszywy cytat, na całym świecie rozpętała się burza protestów. Byłam znieważana i wyśmiewana, zostałam wyjęta spod prawa. Wiele osób groziło mi śmiercią. Życzliwi oficerowie państwowej policji znów czekali przed frontowymi drzwiami domu, w którym mieszkałam.

Na szczęście po kilku tygodniach burza ucichła. Stało się tak, ponieważ wyjaśniłam, że nigdy nie powiedziałam tego ostatniego zdania. Ludzie jednak ciągle je przypominają, kiedy przemawiam na konferencjach.

Chciałam opowiedzieć tę historię mojej mamie. Wytłumaczyć jej, że nie robię nic, co jest sprzeczne z prawem, i że nigdy tej zasady nie złamałam. Jest wręcz odwrotnie, ponieważ walczę o sprawę, która powinna niepokoić wszystkich. Właśnie dlatego policjanci stali przed moimi drzwiami.
Kiedy jednak weszłyśmy na górę do mego mieszkania, znów straciłam odwagę.
 Mama sprawiała wrażenie osoby bardzo niepewnej, gdy się tu znalazła. Chodziła ostrożnie z pokoju do pokoju, zaglądając za każde drzwi, jakby czaił się za nimi zły duch.
Moje mieszkanie znajduje się w starym domu. Jest stosunkowo niewielkie, ale właśnie dlatego przypadło mi do gustu. Jest proste pod względem architektonicznym i bardzo jasne, właśnie takie, jak lubię. Ma również dobrą lokalizację. Tuż obok płynie Dunaj, a wzdłuż rzeki ciągną się zielone parki. Do centrum można dotrzeć w kilka minut.
Drzwi wejściowe otwierają się na duży i dobrze oświetlony hol z ogromną szafą w rogu, pozostawioną przez dawnego właściciela. To tutaj trzymam ubrania, kolorowe T-shirty i dżinsy, które kupuję w jednym z dużych domów towarowych. Ale mam też kilka drogich ubrań, które dostałam w prezencie od tak sławnych projektantów jak Gianfranco Ferré, Vivienne Westwood i Georgio Armani.
Moją ulubioną rzeczą jest para sznurowanych botków, które kupiłam w małym sklepie na Lexington Avenue w Nowym Jorku dwadzieścia lat temu. Objechały ze mną cały świat. Przynoszą mi szczęście. Wkładałam je zawsze, kiedy miałam ważny casting lub negocjowanie umów w wydawnictwach, a nawet gdy występowałam na konferencjach Organizacji Narodów Zjednoczonych. Miałam je na sobie podczas spotkania z matką na granicy z Somalią. Buty te widziały pustynię, śnieg i lód, kiedyś nawet wpadłam w nich do morza. I chociaż są stare, nie potrafię ich wyrzucić.
Z zasady nie lubię wyrzucać rzeczy.
Bezdomni w Wiedniu dobrze mnie znają. Ilekroć mam więcej jedzenia, niż potrzebuję, rozdaję je ludziom, którzy nie mają domów. Nawet

wielu moich przyjaciół nie wie, że niemal każdego dnia spaceruję po Wiedniu, by dawać jedzenie bezdomnym. Kiedy jestem zapraszana na elegancki lunch lub inny posiłek w Londynie, Paryżu czy Nowym Jorku, zabieram ze sobą część serwowanych dań, a następnie rozdaję je bezdomnym mieszkańcom tych miast. Pewnego razu w Paryżu spacerowałam z Joanną przez dwie godziny, zanim znalazłam osobę, której naprawdę mogłam pomóc.

Gdy byłam dzieckiem, matka nauczyła mnie, że jedzenie jest niezwykle cenne. Nigdy tego nie zapomniałam. Kiedy widzę, jak ludzie wyrzucają żywność, wpadam w złość, ponieważ myślę o głodujących w Afryce. Niekiedy pytam, dlaczego wyrzucają jedzenie i czy nie zdają sobie sprawy, że w tym samym momencie ktoś w ich mieście głoduje, a w innych krajach ludzie umierają z głodu.

Ani razu w życiu nie zdarzyło mi się wyrzucić ubrania. Rozdaję niepotrzebne rzeczy moim afrykańskim przyjaciołom. Niekiedy nawet drogie stroje projektantów, których zbyt często nie noszę.

Z holu wchodzi się do salonu, który pełni jednocześnie funkcję pokoju muzycznego, telewizyjnego i plastycznego. Obok salonu znajduje się niewielki pokoik. Urządziłam w nim biuro; zgromadziłam tam wszystkie książki, gazety i czasopisma. Kiedy mama po raz pierwszy zobaczyła ten pokój, była zdumiona. Prawdę mówiąc, nie można się tam dostać, ponieważ od podłogi po sufit wszędzie zalegają stosy książek i papierów.

Matka chodziła po mieszkaniu piętnaście minut. Oparłam się o drzwi mego biura i przyglądałam się. Nie potrafiłam odczytać z jej twarzy, czy to, co widzi, przypadło jej do gustu, czy też nie, ale uznałam za dobry znak jej zainteresowanie tym miejscem. W końcu mama zatrzymała się przed moim imponującym zbiorem płyt kompaktowych w salonie. Kocham muzykę i z podróży zawsze przywożę płyty CD. Mam ponad dwieście płyt z muzyką afrykańską, których nie można dostać w Europie, i następne dwieście z muzyką z całego świata.

– Co to jest? – spytała mama, sięgając po jedną z nich.
– Muzyka – odpowiedziałam z uśmiechem.
Matka wzięła płytę CD i uważnie się jej przyjrzała.
– A gdzie na tym jest muzyka? – zapytała po chwili.
– W pudełku znajduje się płyta, którą wkładasz do urządzenia i możesz usłyszeć muzykę.

Mama odwróciła się i spojrzała na mnie tak, jakbym jej powiedziała, że za następną wydmą rozciąga się morze.
– Ale gdzie tu jest miejsce dla instrumentów?
Podeszłam, wzięłam płytę i włożyłam do odtwarzacza. Po chwili rozległ się głos Boba Marleya. Mama natychmiast się odwróciła, ponieważ muzyka nie dobiegała z odtwarzacza, ale z głośników, które znajdowały się za nią. Popatrzyła na mnie, nie rozumiejąc, co się dzieje. Nawet nie próbowałam jej wyjaśnić, jak to wszystko jest możliwe.
– Po prostu usiądź i słuchaj, mamo – powiedziałam.
Po raz pierwszy w życiu posłusznie wykonała moje polecenie. Kolekcja płyt CD stanowi mój największy skarb. Kiedy tylko budzę się rano, włączam odtwarzacz i wyłączam go dopiero wieczorem, kiedy idę spać. Nie mogę ani przez chwilę żyć bez muzyki. Zawsze mam swoje ulubione piosenki i wykonawców. Teraz lubię słuchać bluesa Johna Lee Hookera, który inspiruje mnie, gdy maluję. Zachwycam się reggae w wykonaniu Boba Marleya i Jimmy'ego Cliffa, jak również muzyką z Afryki Północnej i Zachodniej. W moim salonie leży na podłodze duży dywan – to miejsce mojej pracy. Siadam na nim, kiedy piszę czy maluję. Zdarza się też, że na nim tańczę, ilekroć mam na to ochotę. Rozkładam na dywanie notesy i szkicowniki. Wszystko muszę mieć pod ręką. Chcę zapisywać każdą ciekawą myśl, która przyjdzie mi do głowy, albo malować, gdy poczuję inspirację.
Moje mieszkanie jest pełne roślin. Wiele z nich to prezenty od przyjaciół. Lubię przebywać wśród roślin i oddychać razem z naturą. W moich przyrodniczych zbiorach znajdują się cudowne rośliny tropikalne. Należą do nich kaktusy i artystycznie ułożone w wazonach orchidee. Rozmawiam z nimi każdego dnia. Częsty kontakt ze mną zapewne ma jakiś wpływ na wegetację roślin, ponieważ rozwijają się równie pięknie jak w swoim środowisku naturalnym. Wiele moich roślin rozkwita o różnych porach roku. Ilekroć znajduję na nich nowe kwiaty, uznaję ten dzień za święto.
Najważniejszy element mieszkania stanowią jednak zdjęcia mego syna Aleeke. Są wszędzie – obok mego łóżka, na ścianach i na stołach. Aleeke jest wszechobecny. Fotografie syna uśmierzają nieco ból spowodowany jego nieobecnością przy mnie.

* * *

Do tej pory nikomu nie opowiadałam tej historii, być może dlatego, że boję się osaczenia wspomnieniami z przeszłości. Nawet teraz, kiedy piszę te zdania, ogarnia mnie przerażenie.

Zdarzyła mi się kiedyś osobliwa przygoda. Kiedy uciekłam od ojca w Somalii, spotkałam na pustyni lwa. Mogliśmy dosłownie spojrzeć sobie w oczy, ponieważ dzieliła nas bardzo niewielka odległość. Staliśmy naprzeciwko siebie – król zwierząt i ja, mała dziewczynka z plemienia koczowników. Lew darował mi życie – po prostu po chwili odszedł. Pamiętam każdy, nawet najdrobniejszy szczegół tej sceny, tak jakby zdarzyło się to wczoraj. I nie przypominam sobie, żebym była przestraszona.

Strach miał przyjść wiele lat później. Może się to wydawać dziwne, ale to nie zwierzę sprawiło, że krew zamarzła mi w żyłach, lecz człowiek.

Kochana Mamo, muszę wyznać, że nie przyjechałam do Austrii z własnej woli. Wiedeń stał się dla mnie schronieniem. Przeprowadzka tutaj była jedyną szansą ucieczki przed moim prześladowcą, nie znalazłam bowiem innego sposobu, by się od niego uwolnić.

W mieście Cardiff w Walii spotkałam pewnego mężczyznę. Zamienił on moje życie w koszmar.

Kiedyś wyjaśniłam Ci przyczynę, dlaczego pewnego dnia przeniosłam się z Twoim wnukiem z Nowego Jorku do Cardiff. Chciałam prowadzić bardziej spokojne życie. Pragnęłam uwić gniazdo dla Aleeke i dla siebie. Myślałam, że będę mogła znaleźć to, czego szukałam, w Cardiff, gdzie mieszka wielu Somalijczyków.

Wynajęłam dom na przedmieściu. W sąsiedztwie w skromnych domach mieszkali sami starsi ludzie. Chciałam w końcu odnaleźć spokojną przystań dla siebie i mojego dziecka.

Dom wymagał remontu, toteż wynajęłam firmę, która miała wykonać wszystkie niezbędne prace. Pewnego dnia jeden z robotników – malarz pokojowy – przyprowadził swego brata, który miał pomóc ekipie szybciej skończyć remont.

Młody człowiek – będę go nazywać Peter – okazał się bardzo miły, przyjazny i uczynny. Zaproponował, że pomoże mi w zakupach. Kiedy wracaliśmy razem ze sklepów, niósł wszystkie moje torby. Prowadziliśmy ze sobą bardzo miłe rozmowy. Opowiadał mi dużo o swoim kraju, o rodzinie, o małej córeczce i wkrótce się zaprzyjaźniliśmy.

Niebawem remont się skończył i robotnicy opuścili dom.

Pewnego ranka ktoś zapukał do drzwi. Okazało się, że to Peter. Zapytał, czy może wejść. Nie zastanawiałam się ani chwili, bo całkiem niedawno bywał tutaj każdego dnia. Zaprosiłam go do domu i poczęstowałam filiżanką herbaty. Potem poprosiłam go jednak, żeby wyszedł. Miałam ochotę pójść popływać z Aleeke i zamierzałam spędzić ten dzień tylko z moim synem. W tym momencie Peter wyznał mi nagle, że się we mnie zakochał. Powiedział, że nie chce ode mnie wychodzić i że zostanie tu ze mną na zawsze. Byłam bardzo zdziwiona, ale jednocześnie poczułam irytację. Nawet w najbardziej szalonych snach nie mogłam sobie wyobrazić, że zadurzy się we mnie jeden z robotników.

Czułam się bardzo zakłopotana całą sytuacją, toteż zaproponowałam mu spotkanie w mieście innego dnia.

– Teraz jednak nalegam, żebyś sobie poszedł – powiedziałam spokojnym, ale stanowczym tonem.

Peter w ogóle na to nie zareagował. Zamiast tego zaproponował, że wykona jakieś prace domowe, na przykład pozmywa naczynia lub umyje podłogę. Mój głos stawał się coraz bardziej donośny:

– Nie, proszę, wyjdź!

I znów żadnej reakcji.

Naprawdę nie wiedziałam, co robić. Nie chciałam stawiać sprawy na ostrzu noża i zaczynałam się bać, ponieważ ostatecznie byłam w domu sama z moim małym Aleeke. Zaproponowałam mu więc, żeby poszedł z nami popływać. Miałam nadzieję, że potem uda mi się od niego uwolnić, i tak rzeczywiście się stało. Następnego ranka zostałam gwałtownie obudzona. Peter stał na progu mojego domu. Zachowywał się jak wariat, nie przestawał przyciskać dzwonka i wciąż wykrzykiwał moje imię. W końcu otworzyłam drzwi i dałam mu do zrozumienia, że nie chcę, by mnie nachodził. Peter odepchnął mnie na bok, wszedł do środka, zamknął za sobą drzwi i nagle zaczął płakać. Powiedział, że mnie kocha. Zaproponował, że będzie robił dla mnie zakupy i zrobi wszystko, czego zapragnę, byle tylko mógł ze mną zostać. Dopiero po fakcie zdałam sobie sprawę, jak bardzo byłam niemądra, akceptując jego propozycję. Myślałam, że wkrótce odzyska zdrowy rozsądek. Niestety, zdarzyło się coś zupełnie odwrotnego. Peter wtargnął nie tylko w moje życie, ale także w życie mego syna. Wszystko się zmieniło. Skończyło się to dla mnie wielkim kryzysem, z którego nie potrafiłam znaleźć wyjścia.

Nie sposób było pozbyć się Petera. Myślałam o powiadomieniu po-

licji, ale w końcu postanowiłam sama zająć się problemem. Był najwyższy czas, żeby coś z tym zrobić. Aleeke stawał się coraz bardziej nerwowy. Drażniła go stała obecność dziwnego mężczyzny w naszym domu. Peter bywał też często pijany. Każdego dnia przeżywałam coraz większy stres. Zamknęłam drzwi, żeby nie mógł wejść, ale Peter po prostu je wyważył. Kiedy nie było mnie w domu, stłukł szybę, żeby dostać się do środka. Aleeke wpadł w panikę. Ja też coraz bardziej się bałam. Do czego jeszcze zdolny był ten mężczyzna?

Zadzwoniłam na policję. Na skutek mojej interwencji Petera aresztowano. Jednak już po trzech dniach odzyskał wolność i – jakżeby inaczej – znów stał przed moimi drzwiami.

– Nigdy się ode mnie nie uwolnisz! – szydził ze mnie. – Jestem twoim mężczyzną. I będę nim do końca twego życia!

Zadzwoniłam na policję. Petera ponownie aresztowano i tym razem dostał prawny zakaz zbliżania się do mojego domu. Policjanci poinstruowali mnie również, w jaki sposób mam odpowiadać na ataki prześladowcy.

Prześladowca – po raz pierwszy w życiu usłyszałam to słowo od oficerów policji.

Mamo, tak właśnie nazywa się osoby, które notorycznie narzucają się innym ludziom. Dzisiaj niektóre kraje ustanowiły już specjalne prawa, które mają na celu uniemożliwienie prześladowania niewinnych osób. Pięć lat temu nic takiego nie istniało i do dzisiaj nie jestem przekonana, czy prawo w wystarczającym stopniu chroni ofiary prześladowań.

Szybko zrozumiałam, że w stosunku do ludzi chorych umysłowo żadne prawo nie ma zastosowania, ponieważ nie przestrzegają oni obowiązujących zasad. Rzadko odważałam się wyjść z domu.

Peter ukrywał się i czekał na mnie za domami, samochodami, a nawet za drzewami. Szedł za mną, kiedy odprowadzałam Aleeke do przedszkola, i włamywał się do mojego domu, gdy wyjeżdżałam na konferencje lub brałam udział w debatach. Kradł moją korespondencję. Gdy nie było mnie w domu, zabierał wszystkie faksy z mojego biura. Przywłaszczył sobie zdjęcia z czasów, gdy pracowałam jako modelka, i wszystkie wspólne fotografie z Aleeke. Niekiedy przestawiał w domu pewne drobiazgi i zdjęcia tylko po to, by mi pokazać, że tu był.

Policja aresztowała go wiele razy i nakładano na niego kary administracyjne. Być może popełniłam błąd, nie rozmawiając z żadnym z moich przyjaciół o tym terrorze, ale wciąż wierzyłam, że będę w stanie sama uporać się z tym problemem. Nie doceniałam powagi sytuacji.

Mamo, naprawdę nie wiedziałam, co mam robić. Nikt by nie wiedział.

Z dnia na dzień było coraz gorzej. Pogróżki przekształciły się w przemoc.

Peterowi często zdarzało się mnie uderzyć w moim własnym domu. Krzyczał na mnie, domagając się, abyśmy byli razem. Groził, że nigdy nie pozwoli mi odejść. Ten mężczyzna rzeczywiście był zdeterminowany i nikt nie mógł go powstrzymać.

Zadzwoniłam do mojego brata, który mieszkał wówczas w Amsterdamie. Poprosiłam go o pomoc. Mamo, wiesz, że Mohammed jest postawnym, silnym i dobrze wyszkolonym somalijskim żołnierzem. Przyjechał następnego dnia i już wieczorem okazał się pomocny. Peter przyszedł, dzwonił do drzwi i wciąż wykrzykiwał moje imię. Mohammed otworzył drzwi i powiedział mu spokojnym, ale stanowczym głosem:

– Jestem bratem Waris i od dzisiaj z nią mieszkam. Zostaw moją siostrę w spokoju i nie wracaj tu! Jeżeli to zrobisz, pożałujesz!

Jego słowa rzeczywiście odniosły pewien skutek. Peter zniknął na kilka dni. Mohammed zarezerwował bilet powrotny do Amsterdamu, ponieważ wydawało się, że problem jest rozwiązany. Poszłam z nim i z Aleeke do miasta, żeby kupić prezenty dla mojej bratowej i bratanic w Amsterdamie. Kiedy wróciliśmy do domu, zauważyliśmy, że drzwi frontowe są otwarte. Mohammed powiedział:

– Waris, nie wchodź do domu z Aleeke. Zostań i czekaj na ulicy.

Potem zaczął przeszukiwać dom. Nagle drzwi otworzyły się i Peter, ile sił w nogach, wybiegł na zewnątrz. Mohammed wyskoczył za nim. Na końcu ulicy udało mu się złapać Petera. Mamo, wolę ci nie opowiadać, co się potem wydarzyło. W każdym razie Mohammed zjawił się po chwili i powiedział:

– Waris, ten facet nigdy tu nie wróci.

Aleeke i ja odwieźliśmy go na lotnisko. To był spokojny wieczór. Mój syn i ja wcześnie położyliśmy się spać.

Następnego ranka zbudziło mnie walenie do drzwi. Wciąż byłam bardzo senna. W pierwszej chwili pomyślałam, że to listonosz i otworzyłam. To był wielki błąd! Przede mną stał Peter. Twarz miał obrzmiałą, oczy podpuchnięte, a usta pokrwawione. Jego nos przypominał nos boksera, który właśnie przegrał walkę. Zamarłam. Peter ledwo poruszał zapuchniętymi wargami.

– Waris, kocham cię. Nigdy stąd nie odejdę.

Zatrzasnęłam drzwi i wezwałam policję. Po chwili kilka radiowozów zatrzymało się na ulicy przed moim domem, ale Peter zdążył już zniknąć. Policja wszczęła poszukiwania, ale zdawało się, że zapadł się pod ziemię. Sąsiedzi nie widzieli go od tygodni. Jego brat również nie wiedział, gdzie on jest. Oficer policji dał mi numer alarmowy, na który powinnam zadzwonić, gdyby się pojawił. Wybranie tego numeru włącza czerwony alarm.

Miałam nadzieję, że Peter zniknął na zawsze i już nigdy nie wróci. Byłam w błędzie.

Tej samej nocy obudził mnie dziwny hałas. Usłyszałam w domu odgłos tłuczonego szkła. Pobiegłam na dół, żeby wybrać numer alarmowy, korzystając z telefonu w biurze. Ale zanim zdążyłam dotrzeć do aparatu, Peter złapał mnie i przewrócił na podłogę. Uklękł na mojej piersi i wrzasnął:

– Nigdy się ode mnie nie uwolnisz! Jeżeli będę musiał opuścić ten dom, ty pójdziesz ze mną!

Hałas obudził mieszkające w sąsiedztwie starsze małżeństwo. Zobaczyli stłuczone okno i natychmiast zadzwonili na policję. Usłyszeliśmy policyjną syrenę i Peter mnie puścił. Pobiegł do kuchni i uciekł przez tylne wejście do małego ogródka. Przeskoczył przez ogrodzenie i zbiegł.

Kilku policjantów weszło do domu.

– Tam! Uciekł tylnym wejściem! – krzyknęłam.

Policjanci szukali go, ale wrócili z niczym, ponieważ w ciemnościach stracili ślad. Wtedy się załamałam. Aleeke się obudził i zaczął płakać. Nie mogliśmy dłużej tak żyć. Niczego nie pragnęłam bardziej, jak opuścić Cardiff.

Zadzwoniłam do mego przyjaciela Waltera do Wiednia i opowiedziałam mu, co się wydarzyło.

– Proszę cię, przyjedź natychmiast, Walter. Dłużej tego nie zniosę!

Policja zostawiła samochód i dwóch funkcjonariuszy przed moim domem. Mieli mnie chronić. Usiadłam w kuchni i sięgnęłam po alkohol. Cała się trzęsłam. Chciałam po prostu o wszystkim zapomnieć.

Walter przyjechał następnego dnia.
– Waris, byłaś w Wiedniu już kilka razy i chyba polubiłaś to miasto, prawda? Dlaczego nie miałabyś przeprowadzić się z Aleeke do Austrii i zamieszkać na pewien czas w jej pięknej stolicy?
– Nie wiem – odparłam. – Aleeke chodzi do szkoły w Cardiff i ma tu wszystkich przyjaciół. Nie chciałabym, by znów musiał się przenosić. Znalazłby się ponownie w obcym kraju.
Walter został kilka dni. Zauważył, że znowu zaczęłam pić. Pewnego wieczoru powiedział:
– Waris, musisz się poddać terapii, która ci pomoże przestać pić. Mamy w Austrii bardzo dobry szpital. Prowadzi go mój przyjaciel. Jeżeli chcesz, zadzwonię do niego i umówię cię na leczenie.
Upierałam się jednak.
– Nie, zostanę tutaj. Potrafię sama rozwiązać swoje problemy.
Walter wrócił do Austrii. Problem jednak nie dał się rozwiązać. Zdałam sobie sprawę, że po raz kolejny wpadłam w szpony nałogu. Czułam, że straciłam kontrolę nie tylko nad piciem, ale też nad całym swoim życiem.
Pewnego wieczoru zadzwoniłam do Waltera.
– Hej, to ja, Waris. Mówiłeś mi o swoim przyjacielu, który jest dyrektorem szpitala dla alkoholików. Proszę cię, zadzwoń do niego. Potrzebuję pomocy.
Walter zatelefonował do mnie następnego ranka.
– Właśnie z nim rozmawiałem. Możesz rozpocząć leczenie już w poniedziałek rano.
Zostawiłam Aleeke pod opieką przyjaciółki i poleciałam do Wiednia. Miałam tam spędzić trzy miesiące. Podczas pobytu w tym mieście podjęłam decyzję o wyjeździe z Cardiff i przeprowadzce do Wiednia.
Po wielu dyskusjach z ojcem Aleeke, Daną, uzgodniliśmy, że przez kilka najbliższych lat nasz syn będzie mieszkać z nim w Nowym Jorku. Ostatni raz widział ojca dwa lata temu. Aleeke miał pójść do szkoły w Stanach Zjednoczonych.
Dana przyjechał po Aleeke dzień przed Bożym Narodzeniem i zabrał go do Nowego Jorku. Spędziłam Gwiazdkę w towarzystwie kilku somalijskich przyjaciół w Cardiff. Były to najsmutniejsze chwile w moim życiu.
Wiosną poczyniłam wszelkie niezbędne przygotowania, żeby przepro-

wadzić się do Wiednia, gdzie znalazłam już małe mieszkanie. Zaczęłam pakować rzeczy, które miałam zamiar zabrać z Cardiff. Przede wszystkim chciałam wziąć wszystkie moje obrazy. Malowanie zawsze sprawiało mi wiele przyjemności. Najbardziej lubię malować obrazy olejne. To balsam dla mojej duszy.

Odwiedził mnie Walter. Rozmawialiśmy o najbliższych projektach związanych z zakładaną przeze mnie Fundacją Waris Dirie, jak również o przygotowaniach dotyczących mojej nowej książki. Przyjaciółka opowiedziała mi straszne historie o somalijskiej społeczności w Cardiff. Mieszka tam ponad dwadzieścia tysięcy Somalijczyków. Coraz więcej dziewcząt jest poddawanych obrzezaniu. Niektóre trafiają potem do szpitala, ponieważ obficie krwawią. Władze nic w tej sprawie nie robią. Uznają, że jest to afrykańska tradycja, a sam zabieg przypomina obrzezanie chłopców.

Sytuacja w Londynie była podobna. Spotkałam kilku somalijskich przyjaciół, którzy tam mieszkali. Wszyscy potwierdzili, że nie tylko somalijskie dziewczęta, ale także dziewczynki z innych afrykańskich społeczności są „przystosowywane". Nagle zdałam sobie sprawę, że obrzezanie kobiet nie było problemem wyłącznie afrykańskim. Zabieg stanowił swego rodzaju „produkt eksportowy". Okaleczanie żeńskich narządów płciowych zdarzało się w Anglii i wszędzie w Europie, ale władze nie robiły nic, żeby temu przeciwdziałać. Nie reagowały, ponieważ nie wiedziały o obrzezaniu kobiet, albo nie chciały wiedzieć. Postanowiłam napisać książkę o tym zjawisku.

Pewnego wieczoru, na krótko przed wyjazdem do Wiednia, poczułam, że ktoś jest w domu. Włączyłam światło w sypialni i w holu. Ogarnęło mnie śmiertelne przerażenie – Peter wrócił.

Nie wiem, w jaki sposób udało mu się dostać do mieszkania. Zmaterializował się i stał naprzeciwko mnie, szczerząc zęby w uśmiechu.

– Kochanie, wróciłem, ponieważ jesteśmy dla siebie stworzeni. Już nigdy cię nie opuszczę!

Chciałam krzyczeć, ale nie byłam w stanie. Usiadłam na schodach i zaczęłam płakać. Peter objął mnie i pocieszał:

– Kochanie, przestań płakać. Jestem tutaj, teraz możesz czuć się bezpieczna. Weźmiemy ślub i będziemy mieć dzieci.

Podniosłam się z miejsca. Powoli zeszłam ze schodów, po czym pobiegłam do drzwi frontowych. Wypadłam na ciemną ulicę i zaczęłam *wzywać pomocy. Nagle usłyszałam jego ciężki oddech tuż za sobą. Peter objął mnie za szyję i powiedział:*

– Dlaczego to robisz, Waris? Chyba rozumiesz, że ucieczka nie ma sensu. Wiem, że jesteśmy dla siebie stworzeni.

Potem mnie puścił i zniknął w ciemności. Wkrótce nadjechała policja.

Następnego ranka jeden z oficerów powiedział, że znaleźli Petera w barze w pobliżu mego domu.

– Zostanie zatrzymany na kilka dni, a potem wniesiemy oskarżenie i rozpocznie się proces. Jesteśmy pewni, że trafi do więzienia na kilka miesięcy. Zabraliśmy też jego paszport.

Peter pojawił się ponownie niecały tydzień później. Czekał przed moim domem. Zobaczyłam go przez okno i wezwałam policję. Podeszłam do drzwi i otworzyłam je. Tym razem to on miał wpaść w zastawioną przeze mnie pułapkę.

– Hej, miło cię widzieć, Peter. Czy nie miałbyś ochoty wstąpić na filiżankę herbaty?

Spojrzał na mnie podejrzliwie. Mogłam odczytać z jego oczu, że nie wierzy w szczerość zaproszenia.

– Nie, dziękuję, chciałem się po prostu przywitać. Wrócę tu jeszcze.

Było jednak za późno. Pod dom podjechały radiowozy i Peter nie mógł się już wydostać.

Grupa funkcjonariuszy wprowadziła go do domu i zniknęła z nim w salonie. Czekałam przed drzwiami. Słyszałam krzyki i hałas przesuwanych mebli. Po chwili policjanci wyprowadzili Petera. Miał na rękach kajdanki.

– Nie martw się, już nigdy nie będzie ci dokuczał – obiecał policjant.

Ale i tym razem się mylili.

Walter przyjechał dwa dni później i pomógł mi się spakować. Następnego dnia firma zajmująca się przeprowadzkami zabrała moje rzeczy, meble i ubrania, by przewieźć je do Wiednia. Kiedy pakowanie dobiegło końca i siedzieliśmy już w samochodzie, gotowi wyruszyć na lotnisko, zobaczyłam Petera – przyglądał się nam. Nie mógł uwierzyć własnym oczom.

Trzy godziny później wylądowaliśmy w Wiedniu. Padał śnieg. Pojechaliśmy prosto do mojego nowego mieszkania. Następnego dnia wy-

brałam się z Joanną na zakupy. Firma zajmująca się przeprowadzkami dostarczyła wszystkie moje rzeczy. Po tygodniu nowe lokum, w którym zamieszkałam, wyglądało naprawdę przytulnie. Kupiłam dużo dekoracyjnych roślin, ponieważ lubię się nimi otaczać, a ściany ozdobiłam swoimi obrazami.

Dwa dni później, już po północy, rozległ się dźwięk dzwonka. Byłam zbyt śpiąca, żeby zapytać, kto dzwoni, i odruchowo otworzyłam drzwi. Przede mną stał Peter. Wszedł do mieszkania i zamknął za sobą drzwi. Trząsł się i był cały przemoczony. Mimo zimowej pory miał na sobie tylko lekką kurtkę. Trzymał w ręce małą walizkę. Od kilku godzin padał deszcz ze śniegiem.

– Waris, proszę cię, pozwól mi tu zostać. Jest mi przeraźliwie zimno. Gdzie mam pójść? Nigdy już nie będę ci groził. Obiecuję. Nie sprawię ci więcej kłopotów. Proszę cię, pozwól mi zostać tej nocy z tobą.

Było bardzo późno. Nie miałam pojęcia, w jaki sposób wybrać numer policji w obcym mieście, a nie chciałam budzić Waltera.

– Jak mnie znalazłeś? – zapytałam.
– Widziałem numer telefonu firmy przewozowej na ciężarówkach. Spisałem sobie wszystkie informacje. Zadzwoniłem do nich następnego ranka. Powiedziałem, że jestem twoim starym przyjacielem i chciałbym ci przesłać do Wiednia kilka rzeczy. Poprosiłem, żeby dali mi twój nowy adres. I oto jestem!

– Ale przecież nie masz paszportu! – zastanawiałam się głośno.
– Dostałem go z powrotem.

Następnego ranka zadzwoniłam do Waltera. Przyszedł i porozmawiał z Peterem, który udawał, że jest dla mnie miły.

– Walter, obiecuję ci, że zostanę tu tylko na trochę i że niedługo wrócę do domu. Proszę cię, pozwól mi tu zostać dwa dni.

Walter jednak był nieugięty.

– Nie możesz zatrzymać się w mieszkaniu Waris. Musisz znaleźć pokój w hotelu.

Wyszli razem. Dwa dni później Peter wrócił. W tym czasie na wszelki wypadek kupiłam specjalne zamki do mieszkania. Teraz tylko uchyliłam drzwi zabezpieczone blokadą i powiedziałam:

– Musisz stąd odejść. Chcę spać.

W tej samej chwili Peter z całej siły rzucił się na drzwi. Drewno rozłupało się i zamki po prostu pękły. Peter upadł na podłogę. Pobiegłam *do łazienki i zamknęłam się tam. Natychmiast zadzwoniłam do Waltera z telefonu komórkowego.*

– Proszę cię, pomóż mi! W moim mieszkaniu grasuje szaleniec! Boję się, że mnie zabije!

Peter zaczął kopać drzwi do łazienki i nie przestawał wrzeszczeć.

– Nie możesz ode mnie uciec, należysz do mnie!

Hałas obudził sąsiadów, a ci zadzwonili na policję. Walter wybrał też numer alarmowy i wyjaśnił im, jak niebezpieczna jest sytuacja. Wiedeńska policja przysłała oddział do zadań specjalnych. Najprawdopodobniej uratowali mnie w ostatniej chwili. Kiedy policjanci wbiegli do mieszkania, Peter właśnie wyłamał drzwi do łazienki. Zdążył mnie już niemal dosięgnąć.

Został zatrzymany i spędził noc w areszcie. Ponieważ miał europejski paszport, ważny adres i obiecał policji, że nie będzie mnie już niepokoił, wnieśli jedynie przeciwko niemu oskarżenie i puścili go wolno. Tego samego wieczoru znów znalazł się na progu mego mieszkania.

– Waris, otwórz drzwi. Nie mogę bez ciebie żyć.

Wybrałam numer alarmowy policji i poprosiłam o pomoc.

Policja pojawiła się niemal natychmiast. Przeszukali cały dom, ale nigdzie nie znaleźli Petera. Później okazało się, że ukrył się w szybie windy. Kiedy tylko policja odjechała, wrócił i znów zaczął walić w drzwi.

– Waris, jeżeli będę musiał stąd odejść, pójdziesz ze mną!

I znów zadzwoniłam na policję, ale i tym razem Peter zniknął. Na korytarzu wszędzie były widoczne ślady krwi. Prawdopodobnie Peter stłukł szybę i się zranił.

Walter przyjechał po mnie i spędziłam noc w hotelu. Następnego ranka policja poinformowała Waltera, że aresztowała mężczyznę, który z wyglądu przypomina Petera, ale twierdzi, że ma na imię Robert. Powiedział też, że jest bratem Petera.

Policja poprosiła Waltera, żeby niezwłocznie przyszedł na posterunek i pomógł ustalić tożsamość mężczyzny.

Kiedy Peter zobaczył Waltera na posterunku policji, próbował uciekać, ale go zatrzymano. Okazało się, że ukradł paszport swego brata i udało mu się oszukać brytyjskich i austriackich oficerów na lotniskach.

Tym razem nie zdołał już uciec. Został aresztowany i postawiono mu zarzuty. Spędził w więzieniu sześć miesięcy, a następnie deportowano go do Anglii.

Nawet podczas pobytu w areszcie tymczasowym, tuż przed deportacją, omal nie udało mu się umknąć. Przekonał osobę, która pracowała dla bardzo znanej organizacji praw człowieka, że jest politycznym uchodźcą z Afryki walczącym przeciwko okaleczaniu żeńskich narządów płciowych.

– Pracuję dla Fundacji Waris Dirie – twierdził. – Jednak władze austriackie lekceważą ten fakt.

Brzmi to zupełnie niewiarygodnie, ale owa organizacja praw człowieka rzeczywiście dała wiarę słowom Petera i wystosowała wniosek o jego uwolnienie. Nawet się z nami przedtem nie skontaktowała! Jeden z pracowników zadzwonił jednak w końcu i zapytał Waltera, czy Peter rzeczywiście dla nas pracuje.

– Zwariowałeś? Ten gość jest obłąkany i prześladuje Waris Dirie! O mały włos jej nie zabił! – zawołał Walter. Trudno mu było jednak przekonać rozmówcę.

– Ależ on jest naprawdę wiarygodny. Dużo wie o Waris Dirie. Wierzymy mu.

– To przejrzyjcie jego akta sądowe! – powiedział Walter i odłożył słuchawkę.

Później policja poinformowała nas, że Peter został deportowany. Historia ta przyczyniła się do ustanowienia w Austrii nowego prawa przeciwko prześladowaniu ludzi. Obecnie prześladowca pokroju Petera, który zamienia życie innych w piekło, może zostać surowo ukarany.

* * *

Usiadłyśmy na podłodze i słuchałyśmy Boba Marleya. Podałam mamie filiżankę herbaty. Nie rozmawiałyśmy wiele. Kiedy zaczęło się robić późno, chciałam jej pomóc przejść do pokoju gościnnego. W mieszkaniu są dwa małe pokoje gościnne, na wypadek, gdyby moi przyjaciele chcieli zostać na noc.

Zawsze marzyłam o tym, żeby mieszkać z mamą. W jednym z pokoi gościnnych ustawiłam wszystkie swoje fotografie i pamiątki. Nikt nie może tam wejść bez mojej zgody. Niekiedy, gdy czuję się samotna, chronię się w tym pokoju. Zamykam oczy i marzę o matce, rodzinnym kraju i somalijskiej pustyni.

Jednak mama nie chciała zostać w pokoju gościnnym. Wolała spać w salonie.

Zaniosłam jej tam materac. Zorientowałam się, że nowe łóżko przypadło jej do gustu. Położyła się i nakryła kocem aż po czubek nosa.

– Widzisz, mamo – powiedziałam – ziściło się moje największe pragnienie. Mieszkam razem z tobą w Wiedniu, mieście, które tak bardzo kocham.

Ale matka nie odpowiedziała. Spojrzałam uważnie i zobaczyłam, że już śpi.

Następne dni przyniosły nam wspaniałą, zimową pogodę. Temperatura była niska, ale słońce jasno świeciło i śnieg skrzypiał pod nogami. Zawsze obawiam się pierwszych ciepłych dni w Wiedniu po opadach śniegu. Kiedy śnieg zaczyna tajać, promienie słońca zamieniają miasto w wielki basen. Gdzie okiem sięgnąć, widać błotniste kałuże. Ciągle się w nie wpada. Zdarza się często, że samochody ochlapują przechodniów wodą. Jednak teraz śnieg był wciąż cudowny. Uwielbiam patrzeć przez okno i przyglądać się dzieciom, kiedy lepią bałwana albo bawią się w śniegu.

Po pewnym czasie mama poczuła się w moim mieszkaniu jak u siebie w domu. Podobnie jak ja jest koczowniczką, toteż z łatwością przystosowuje się do nowego otoczenia. Szybko odkryłam, co powinnam gotować, żeby sprawić jej przyjemność. Stan uzębienia mamy pozostawia wiele do życzenia. Trzy złote zęby i dziury pomiędzy nimi pozwalają jej jeść tylko zupę i purée z ziemniaków. Mama była zadowolona, dopóki nie przygotowałam jej sałaty.

– Sałata jest tylko dla wielbłądów – brzmiał jej komentarz.

Mój dom stał się jej twierdzą. Tutaj czuła się bezpieczna i zrelaksowana. Chodziłam na zakupy, gotowałam, razem jadłyśmy posiłki, słuchając somalijskiej muzyki, poematów lub modlitw. Bob Marley i Johnny Lee Hooker musieli dla nas śpiewać bezustannie.

Początkowo mama tęskniła za krajem. Często wspominała, że chce wrócić do Somalii. Obiecałam, że ją tam zawiozę, kiedy całkowicie odzyska zdrowie i siły.

W ogóle nie miała ochoty wychodzić z domu. Gdybym pozwoliła jej wrócić do Somalii po upływie kilku tygodni, nie mogłaby opowiedzieć tamtejszym mieszkańcom zbyt wiele o Wiedniu. Do tej pory nie widziała nic poza lotniskiem, szpitalem i moim mieszkaniem.

Wszystkie moje wysiłki, by wyprowadzić mamę na spacer i pokazać jej miasto, spełzały na niczym.

Pewnego dnia skłoniłam ją do wyjścia, bo chciałam pokazać jej biuro, w którym pracuję. Siedziba Fundacji Waris Dirie znajduje się w Millenium Tower. Budynek ten ma 202 metry wysokości i jest najwyższym biurowcem w Austrii. Z jego okien rozciąga się niezwykły widok.

„Jeżeli nie chce wychodzić na ulicę, może poczuje się lepiej w moim biurze", pomyślałam.

Mój plan spalił na panewce przed Millenium Tower, albo – by ująć rzecz bardziej precyzyjnie – w taksówce, która zatrzymała się przed wejściem. Matka miała właśnie wysiąść, kiedy obok taksówki przeszedł mężczyzna z psem na smyczy. Mama przestraszyła się i natychmiast cofnęła w głąb samochodu.

– Zamknij drzwi, tam jest nieczyste zwierzę! – krzyczała rozpaczliwie, tak by każdy mógł ją usłyszeć.

Próbowałam ją uspokoić.

– Mamo – powiedziałam – wszystkie psy w Wiedniu muszą być na smyczy. Takie jest prawo. Nie ma powodu się bać.

Nie mogłam jej przekonać. Nie chciała wysiąść z samochodu. Była to dziwaczna scena. Mama skuliła się w taksówce, próbując ukryć się przed psem, ja zaś gwałtownie gestykulowałam. Kierowca taksówki nie rozumiał ani słowa i nie miał pojęcia, jak zareagować.

W pewnej chwili przeszła obok nas kobieta z psem rasy bernardyn. W tym momencie zrozumiałam, że przegrałam walkę. Ten pies nie szedł na smyczy. Bernardyn sprawiał wrażenie uroczego stworzenia, ale nie było sposobu, żeby mama zmieniła zdanie. Uznała, że spacerowanie po ulicach Wiednia zagraża życiu ze względu na ogromne, straszne psy biegające bez smyczy.

Widziałam strach w jej oczach. Ludzie, którzy mają kontakt z psami, uważani są w Somalii za nieczystych. Gdy religijny muzułmanin niechcący dotknie psa, musi wykonać specjalny rytuał obmywania, zgodnie z zasadami czystości obowiązującymi w islamie.

„Mamo, w Somalii musisz walczyć ze stadami hien, a tu, w Wiedniu, boisz się psów", pomyślałam w duchu. Nie umiałam sobie tego wytłumaczyć. Istotnie, była to kolejna rzecz, którą musiałam po prostu przyjąć do wiadomości.

Teraz było dla mnie jasne, że Wiedeń nigdy nie stanie się jej ulubionym miastem. Żyje tu około pięćdziesięciu tysięcy legalnie zarejestrowanych psów. Zwierząt jest pewnie o kilka tysięcy więcej, gdy weźmie się pod uwagę psy, które nie zostały zarejestrowane. Chciałam, by Joanna i Walter spróbowali przekonać mamę, ale nie mieli najmniejszych szans. W końcu się poddałam. Wróciłyśmy do domu. Od tego dnia do końca pobytu w Wiedniu mama ani razu nie wyszła z mieszkania.

– Czy wiesz, że nauczyłam się pływać? – powiedziałam pewnego dnia do mamy.

Nie mam pojęcia, dlaczego nagle zapragnęłam opowiedzieć jej tę starą historię z Londynu.

– Pływać? – zdziwiła się mama. – Po co, skoro nie mają tu morza?

– Mam na myśli dawne czasy – odparłam i po krótkiej przerwie podjęłam swoją opowieść. – Jak pamiętasz, kiedy pomogłaś mi uciec z domu, pojechałam do Londynu, żeby zamieszkać z mężem twojej siostry Maruim. Wuj był tam ambasadorem Somalii.

– Tak, twój wuj Mohammed Chama Farah zmarł. Teraz moja siostra jest wdową.

Wiedziałam o tym, ponieważ wciąż utrzymuję kontakt z ciocią Maruim. Spotykamy się, kiedy jestem w Londynie.

Zaczęłam jej opowiadać o basenie, na który chodziłam razem z wujem i moimi ciotecznymi braćmi i siostrami. Ilekroć widziałam, jak pływają i skaczą z trampoliny, tęskniłam za chwilą, kiedy pewnego dnia sama będę mogła skoczyć z trzymetrowej wieży.

Jedyny problem polegał na tym, że nie umiałam pływać. W jaki sposób mogłabym się nauczyć? Gdy jesteś dziewczynką z koczowniczego plemienia z Rogu Afryki, która mieszka daleko od morza, nie masz możliwości nauczyć się pływać ani powodu, dla którego miałabyś to zrobić.

Kiedy mieszkałam w Mogadiszu, nikt nie zabierał mnie na plażę, chociaż kocham ocean i jego słony zapach.

Na basenie w Londynie czułam tylko zapach chemikaliów. Musiałam się kąpać w basenie dla dzieci i wszyscy moi krewni naśmiewali się ze mnie.

– Często chodziliśmy na basen, mamo. Inni zawsze dobrze się bawili. Złożyłam sobie zatem solenną obietnicę: Waris, pewnego dnia po prostu skoczysz z tej wieży. Jakoś to będzie.

Dodawałam sobie odwagi. Pływanie nie wyglądało na specjalnie trudne. Trzeba tylko trochę poruszać rękami i nogami, by głowa wystawała nad wodę.

Zawsze stałam w pobliżu schodów prowadzących na trzymetrową wieżę. Pewnego dnia, kiedy miałam już dosyć komentarzy ciotecznych braci i sióstr, weszłam na trampolinę. Na górze nikogo nie było, co ułatwiło mi zadanie. Gdy spojrzałam w dół, zobaczyłam tylko głęboką wodę. Zamknęłam oczy i skoczyłam.

Kiedy to powiedziałam, mama się ożywiła.

– I co się stało?

– Wpadłam do wody jak kamień i uderzyłam o dno basenu.

Pokazałam jej małą bliznę na brodzie, która wciąż przypomina mi o tym wypadku.

– Kto ci pomógł wyjść z wody?

– Obserwował mnie ratownik. Widząc, że nie wypłynęłam na powierzchnię, natychmiast skoczył do basenu i mnie uratował.

Po chwili dodałam:

– W końcu jednak nauczyłam się pływać. Po tym wypadku moi kuzyni zaczęli traktować mnie poważnie. Pokazywali mi, w jaki sposób mogę się tego nauczyć. Wujek Mohammed zapłacił nawet za lekcje pływania, ale wiesz, nigdy nie lubiłam lekcji i nigdy ich nie polubię. Wolę się uczyć różnych rzeczy sama.

– Tak, pamiętam – odpowiedziała. – Zawsze byłaś uparta i chciałaś robić wszystko po swojemu, nawet jeżeli nie było to łatwe, i często pakowałaś się w kłopoty.

– Wiem – przytaknęłam.

– Chociaż ciągle ci powtarzałam, że różne sprawy w naszym życiu, które mają się zdarzyć, i tak się zdarzą – ciągnęła matka. – A my, kobiety, zawsze musimy się podporządkowywać. Taka jest wola Allaha.

W tym momencie należało coś powiedzieć. Może to, że przed obliczem Allaha wszyscy są równi, niezależnie od tego, czy są mężczyznami, czy kobietami, ludźmi czarnymi czy białymi. Powinniśmy zwalczać paternalizm i uwolnić się z nałożonych na nas kajdan.

Przeznaczenie nie polega na tym, że niektórzy ludzie mają wszystko, a inni nic. To nie może być wola Allaha.

My, wszyscy mieszkańcy Ziemi, decydujemy o tym, jak wygląda nasz ziemski świat. Grupujemy ludzi według różnych kategorii, takich jak kasta, religia, klasa społeczna, kolor skóry, a nawet płeć. Robimy to my sami.

Mama przestała słuchać. Być może nie zauważyła, jak bardzo poruszyło mnie jej ostatnie zdanie. Niewykluczone, że nie była nawet zainteresowana tym, co mam do powiedzenia.

– Przynieś mi coś do jedzenia. Jestem głodna – oznajmiła, przecierając oczy, by pokazać mi, że jest zmęczona.

– Dobrze, tylko najpierw muszę pójść na zakupy. Nie miałam jeszcze czasu tego zrobić. Może poszłabyś ze mną?

Odpowiedziała westchnieniem, które znaczyło: „I znów Waris robi coś nie tak". Dała mi do zrozumienia, że powinnam się pośpieszyć, ale i tak miałam już w ręku torbę na zakupy.

Chciałam po prostu wyjść z domu i znaleźć się z dala od ograniczeń, które nakładała na mnie matka.

7

Załamanie

Kiedy wyszłam na ulicę, owiał mnie chłodny wiatr. W pośpiechu włożyłam tylko cienką kurtkę i było mi przeraźliwie zimno. Biegłam wzdłuż Dunaju. Dopiero po pewnym czasie się rozgrzałam. Śnieg przestał padać i robiło się coraz chłodniej. Z każdym oddechem z moich ust wydobywała się para. Uśmiechnęłam się do siebie. Sądzę, że musiał to być niezły widok. Waris najeżona ze złości i galopująca wzdłuż rzeki, jak nieokiełznane źrebię.

Wciąż byłam wzburzona rozmową z matką. Jej upór sprawiał, że gotowałam się z wściekłości. Afryka ma tyle mocnych kobiet; mogłyby być dumą kontynentu. Tymczasem są dyskryminowane, ciemiężone i upokarzane seksualnie. Usprawiedliwieniem tego stanu jest fatalna mieszanka źle rozumianej tradycji i religii. Co zaś robią kobiety pokroju mojej matki? Nie przeciwstawiają się niesprawiedliwemu systemowi – wręcz przeciwnie, one go nawet bronią.

Żaden wielbłąd na świecie nie wraca do wodopoju, który wysechł.

W supermarkecie na chybił trafił wrzuciłam do torby artykuły żywnościowe, zapłaciłam i w ciągu pięciu minut byłam na ulicy. Śpieszyłam się do domu. Czułam, że nadszedł czas, by omówić z mamą różne sporne kwestie.

Kiedy wróciłam, mama leżała na materacu i oglądała telewizję. Nawet na mnie nie spojrzała.

Szybko przygotowałam purée z ziemniaków i postawiłam je na stole w jadalni. Matka podniosła się z trudem i usiadła obok mnie. Bez słowa jadła podane danie.

– Czy pamiętasz kobietę, która cię „przystosowała"? – zapytała niespodziewanie.

W pierwszej chwili myślałam, że się przesłyszałam.

– Słucham? – zapytałam niepewnym głosem.

– Chcę wiedzieć, czy pamiętasz kobietę, która cię „przystosowała".

Nie mogłam nic przełknąć. Miałam ściśnięte gardło. Początkowo nie byłam nawet w stanie wydobyć z siebie głosu. Po prostu zaniemówiłam. Ponieważ nie zareagowałam na jej pytanie, mama po prostu mówiła dalej, tak jakby relacjonowała prognozę pogody na następne kilka dni albo nadawany tego wieczoru program telewizyjny.

– Wiesz, kobieta, która cię obrzezała, jest teraz moją sąsiadką. Jestem bardzo dumna, bo ona cieszy się w naszym klanie niezwykłym szacunkiem.

W tym momencie straciłam nad sobą kontrolę. Nie wiedziałam, co może się zdarzyć w następnej chwili. Czy będę płakać, krzyczeć, czy zemdleję lub przeżyję załamanie nerwowe. Skoczyłam na równe nogi, przewracając krzesło, i wybiegłam do łazienki. Odkręciłam kurek i zimna woda chlusnęła mi na głowę. Nie wiem, jak długo tam stałam, ale pomogło. Wysuszyłam nieco włosy i wróciłam do salonu.

Mama skończyła tymczasem posiłek. Spojrzała na mnie bezradnie. Czułam, że próbowała wyczytać coś z mojej twarzy. Czy naprawdę nie domyślała się, jak bardzo zabolały mnie jej słowa? Nie miałam czasu, żeby to rozważyć, ponieważ zaczęła kontynuować swą opowieść.

– Kobieta, która cię obrzezała, jest teraz bardzo stara. – Usłyszałam dumę w jej głosie. – Ale wciąż potrafi „przystosować" kilka dziewcząt dziennie. Niekiedy nawet do dziesięciu.

Poczułam oślepiający gniew.

– Jak możesz być z tego dumna?! – wrzasnęłam. – Ta kobieta jest starą wiedźmą. Unieszczęśliwia te dziewczęta na resztę życia. Czy zapomniałaś już o własnym okaleczeniu? Nie pamiętasz bólu, jaki ja musiałam wycierpieć, nie utkwiły ci w pamięci moje krzyki, kiedy ta kobieta cięła mnie żyletką?

– To nasza tradycja! – krzyknęła matka w odpowiedzi. – Postępowaliśmy w ten sposób tak długo, jak tylko pamiętam. Każdy to robi, każda

rodzina, każde plemię, każdy klan, i tak już zostanie. Uczynię wszystko, co w mojej mocy, by ten obyczaj przetrwał.
– Ale dlaczego, mamo, dlaczego? Z jakiej przyczyny uparcie trwasz przy tradycji, która niesie ze sobą tak wiele bólu?
Mama rozsiadła się wygodnie na krześle. Wydawało się, że odzyskała równowagę.
– Zabieg ten nie przysparza żadnego cierpienia, Waris. Sprawia, że czujemy się dumne – powiedziała spokojnym głosem. – Dzięki obrzezaniu stajemy się prawdziwymi kobietami. Przed zabiegiem jesteśmy nieczyste, a potem zyskujemy status pełnoprawnych członków społeczności.
– Mamo, gdybyś tylko mogła usłyszeć samą siebie. To oburzające i nonsensowne. Musimy znosić ból nie do wytrzymania, okalecza się nas, byśmy mogły zyskać akceptację społeczności? To właśnie próbujesz powiedzieć. Jesteśmy zmuszone znosić całe to cierpienie i rozpacz tylko ze względu na jakąś chorą tradycję?
– Lepiej wystrzegaj się nazywania naszych obrzędów i tradycji chorymi. Widzę, że odseparowałaś się od nas. Nie myślisz już ani nie czujesz jak Somalijka.
Próbowałam powstrzymać łzy.
– To nieprawda, mamo. Kocham Somalię. Zawsze będzie moją ojczyzną. Nie ma dnia, żebym nie tęskniła za pustynią, za rodziną, za tobą. Jednak spotkałam wiele dziewcząt i kobiet, które padły ofiarą tego bezsensownego okaleczenia. Kiedy byłam dzieckiem, myślałam, że nikt na świecie nie musi przechodzić przez coś podobnego. Dużo później usłyszałam opowieści ofiar obrzezania. Mówiły mi o swoim bólu. Nadal cierpią, ponieważ nie potrafią odczuwać miłości ani doświadczyć pożądania. Nie umiały nawet zwierzyć się komukolwiek ze swoich problemów. Mamo, te historie wryły mi się w serce silniej niż miłość do mego rodzinnego kraju.
Mama machnęła ręką z wyrazem potępienia na twarzy.
– Gdybyś nadal mieszkała w Somalii, miałabyś inne zdanie. Kobieta, która nie została „przystosowana", nie ma szansy na znalezienie mężczyzny. Przynosi wstyd rodzinie.
– Gdybym została w Somalii, wcale nie myślałabym inaczej, mamo. To nie hańba, jaką przyniosłyby twoje nieczyste córki, cię martwi, ale pieniądze. Znam nasze zwyczaje. Rodzice, oddając mężczyźnie córkę

za żonę, dostają pieniądze albo wielbłądy. Kobieta, która nie została obrzezana, nie może zostać sprzedana. Nie ma żadnej wartości, nie jest nawet warta jednej sztuki bydła.

Teraz mama również miała łzy w oczach.

– Nie zasługuję na to, Waris. Nie zasługuję na takie traktowanie. Pomogłam ci uciec, chociaż serce mi krwawiło, kiedy widziałam, jak znikasz na pustyni. Przedkładałam jednak twoje dobro nad swoje. A teraz siedzę w twoim mieszkaniu w Wiedniu i nie słyszę nic, oprócz oskarżeń i zarzutów.

– Wiem, że mi pomogłaś, mamo – odpowiedziałam łagodnym tonem. – I zawsze będę ci za to wdzięczna. Uwierz mi. Ale każdego dnia przypominam sobie o tym, co mi zrobiono, kiedy byłam jeszcze dzieckiem. Każdego dnia czuję ból. Raz w miesiącu, podczas menstruacji, ból jest tak silny, że nie mogę nawet wstać z łóżka. Zażywam tabletki przeciwbólowe, ale niewiele pomagają. Czuję, jakby ktoś zagłębiał nóż w moich wnętrznościach. Niekiedy muszę leżeć w łóżku przez trzy dni. I jestem wtedy sama. Zupełnie sama ze swoim cierpieniem. A wszystko w imię przestrzegania bezsensownej tradycji. To nie jest tradycja. To wypaczenie tradycji.

Zerwałam się z miejsca i pobiegłam do biura, gdzie przechowuję ważne papiery i wszelką dokumentację. Po chwili znalazłam kasetę wideo, którą dała mi Linda Weil-Curiel.

Film ukazuje okaleczenie narządów płciowych dziewczynki, która ma dziesięć, być może dwanaście lat. Linda wykorzystuje tę kasetę podczas rozpraw sądowych. Nagranie robi wstrząsające wrażenie, nawet gdy ogląda się je po raz kolejny. Pokazuje prawdziwy przebieg wydarzeń. Można wiele osiągnąć za pomocą słów, ale obrazy przemawiają ze znacznie większą siłą. Nie sposób zapomnieć barbarzyństwa tego okaleczenia – nie pozwalają na to przenikliwe krzyki dziewczynki. I nie ma tam nikogo, kto przytuliłby ofiarę zabiegu, dodał jej otuchy lub udzielił pomocy.

– Dlaczego mi nie pomogłaś? – zapytałam tonem pełnym irytacji. – Dlaczego nie uchroniłaś mnie przed tym, mamo?

Włożyłam taśmę do magnetowidu.

– Spójrz na to – krzyknęłam i wskazałam telewizor. – Zobacz, co robicie. Dziewczynki muszą przechodzić przez to samo co ja. Mamo, czy słyszysz, jak ta dziewczynka krzyczy? Mamo, czy słyszysz mój krzyk?

Pierwszą reakcją matki było zakłopotanie. Nie miała pojęcia, co jest na taśmie wideo, nigdy jej o tym nie mówiłam.

Co czuła, widząc te przerażające zdjęcia? Czy przeszywające krzyki ofiary zabiegu obrzezania raniły ją równie mocno jak mnie? Nie wiem, wciąż nie wiem.

Po kilku minutach wstała i poszła położyć się na materacu.

– Nie chcę tego oglądać, Waris.

Mama przykryła głowę kocem i nie powiedziała już ani słowa.

Wyjęłam kasetę, włożyłam ją z powrotem do pudełka i odłożyłam na miejsce. Czułam się pusta i wypalona.

– Jak wiele dziewcząt zmarło z powodu tego zabiegu, mamo, jak wiele? – zapytałam spokojnym głosem. Wiedziałam, że mnie nie słyszy.

* * *

Mamo, w Europie znane jest przysłowie „czas leczy rany". Ze mną jest zupełnie na odwrót. Im jestem starsza, tym bardziej prześladuje mnie przeszłość.

Nieraz czuję się tak silna jak skała w morzu, ale wystarczy jedno niewiele znaczące wydarzenie, by zaczęły mnie osaczać przeżycia z dzieciństwa. Przeznaczenie wstrząsa moim życiem i trzyma w żelaznym uścisku.

Wiosną 2004 roku byłam w Paryżu u mojej przyjaciółki, Lindy Weil-Curiel. Jest prawniczką i reprezentuje przed sądami dziewczynki, których narządy płciowe zostały okrutnie okaleczone przez rodziców. Uczestniczyłam w jednej z tych rozpraw. Odczułam wielką satysfakcję, że winowajcy nie uniknęli kary za to, co zrobili.

Po rozprawie poszłam do lekarza, który pracuje pod Paryżem. Nazywa się Pierre Foldes i jest chirurgiem w szpitalu w St-Germain-en-Laye. Do dzisiaj zadaję sobie pytanie, dlaczego zdecydowałam się na wizytę u niego. Czy próbowałam w radykalny sposób stanąć twarzą w twarz z przeszłością, aby na zawsze się od niej uwolnić? Czy myślałam, że jestem na tyle silna, że nie może to mną już wstrząsnąć? Z tej przyczyny piszę do Ciebie, Mamo. Chcę, żebyś wiedziała, jak bardzo nadal cierpię z powodu obrzezania, któremu zostałam poddana w dzieciństwie Przeżywam raz po raz moje okaleczenie. Obrazy pojawiają się w mojej głowie niczym poszczególne kadry filmu i zawsze jest to film grozy. Widzę siebie jako pięcioletnią okaleczaną dziewczynkę, jest mi na przemian zimno i gorąco, nie mogę oddychać. Z tej sytuacji nie ma żadnego wyjścia.

Rozmowa z doktorem Foldesem skończyła się kompletnym załamaniem psychicznym. Dopiero po kilku tygodniach poczułam się lepiej. Obrazy z przeszłości powracały w tak intensywny sposób, że straciłam grunt pod nogami. Napisałam o tym doświadczeniu w swojej książce „Desert Children". Dlatego zwłaszcza teraz tak bardzo mi zależy, żebyś o tym wiedziała, Mamo.

Doktor Foldes jest wysokim, miłym mężczyzną o siwych włosach. Pracuje jako urolog i chirurg. Kiedy go odwiedziłam, przed jego gabinetem czekało wiele Afrykanek. Doktor Foldes opracował metodę dokonywania ponownej operacji u kobiet, których narządy płciowe zostały okaleczone. Tak, Mamo, przywraca niemal wszystkim narządom pierwotny kształt, udaje mu się nawet odtworzyć łechtaczkę.

Lekarz wyjaśnił mi szczegółowo, w jaki sposób operuje swoje pacjentki. Jego słowa brzmiały bardzo wiarygodnie. Dodatkowo, czego się nie spodziewałam, pokazał mi zdjęcia, które miały świadczyć o jego sukcesach. Dwadzieścia zdjęć okaleczonych i odtworzonych pochw niemowląt, małych dziewczynek i dorosłych kobiet. Wpatrywałam się w te fotografie i nagle przed oczyma stanęło mi własne okaleczenie, niczym jakiś udziwniony film wyświetlany klatka po klatce. Poszłam do łazienki, zamknęłam za sobą drzwi i zaczęłam płakać. Usiłowałam się opanować, ale to było niemożliwe. Ból stawał się coraz bardziej dokuczliwy. Film przed moimi oczyma nie znikał.

Na szczęście była ze mną Joanna. Zawiozła mnie do naszego hotelu, gdzie położyłam się do łóżka. W jednej chwili było mi przeraźliwie zimno, a w następnej strasznie gorąco. Wstrząsały mną dreszcze, kilka razy wymiotowałam. Joanna zaczęła mi opowiadać o własnym trudnym dzieciństwie w Polsce. Chciała w ten sposób czymś mnie zająć, ale film w mojej głowie nadal się przewijał.

Mówiłam o okaleczeniu moich narządów płciowych dziesiątki razy, często przed audytorium składającym się z setek ludzi. To nigdy nie było łatwe; w końcu odkrywałam swoje najskrytsze uczucia, o czym wielokrotnie pisałam. Myślałam, że udało mi się ten koszmar przezwyciężyć. Niestety, prawda wyglądała inaczej. Z powodu traumatycznego przeżycia w dzieciństwie będę cierpiała przez całe życie.

* * *

Następnego ranka mama wstała i zachowywała się tak, jakby nic nie zaszło, choć jej oczy świadczyły o tym, że tej nocy niedużo spała. Nie powiedziała jednak na ten temat ani słowa. Ja zaś nie miałam dość siły, by roztrząsać problem z poprzedniego wieczoru. Od kilku dni mieszkałyśmy razem w małym mieszkaniu. Teraz starałyśmy się nawzajem unikać. Rozmawiałyśmy tylko wówczas, gdy było to konieczne. Dużo spałam, ale im dłużej pozostawałam w łóżku, tym większe ogarniało mnie zmęczenie. Świadomość bezradności rozprzestrzeniała się w moim ciele jak choroba. Czułam się niewiarygodnie samotna. Przez długi czas nikt ze mną nie mieszkał, a teraz, kiedy była tu matka, także odczuwałam dotkliwą samotność.

Niestety, sytuacja się pogarszała. Pewnego dnia przyjechał z Anglii w odwiedziny Mohammed. W jakiś czas potem dołączyła do nas moja siostra Halwa, która mieszkała w Szwajcarii, gdzie przyznano jej status uchodźcy. Muszę przyznać, że obydwoje nie przyczynili się w żadnym stopniu do poprawy sytuacji. Prawdę mówiąc, stało się zupełnie odwrotnie. Mohammed i Halwa stanęli po stronie matki, a ja stałam się outsiderką. Od tej pory moje małe mieszkanie zajmowały dwa nieprzejednane „obozy". Jeden tworzyli Halwa i Mohammed, którzy potakiwali każdemu słowu mamy. Drugi stanowiła niewdzięczna córka Waris, sprzeciwiająca się wszystkiemu, co składa się na naszą tradycję i ojczyznę.

Jakże nienawidziłam tej sytuacji. Niewiele jednak mogłam zrobić, żeby to zmienić.

Halwa jest taką córką, jakiej nasza matka zawsze pragnęła. Wyszła za mąż za muzułmanina, nosi długie somalijskie szaty, a na ulicy nigdy nie pokazuje się bez chusty. Modli się pięć razy dziennie zwrócona w stronę Mekki. Mohammed zaś jest najstarszym synem. Zawsze pozwalano mu robić wszystko, na co tylko miał ochotę.

Po kilku wspólnie spędzonych dniach matka opowiedziała mojemu rodzeństwu o naszej sprzeczce. Mohammed i Halwa natychmiast wzięli stronę matki. Teraz miałam trzech przeciwników w sporze, który koncentrował się na tych samych tematach: tradycja, religia, honor rodziny. Matka powtarzała swoje argumenty, a ja swoje.

– Obrzezanie jest naszą tradycją – rzuciła wyzywającym tonem.

– Wiesz równie dobrze jak ja, że wiele dziewczynek umiera z powodu okaleczenia. Stało się tak z jedną z moich sióstr – mówiłam, a łzy płynęły mi po twarzy. – Mamo, po prostu ją pochowałaś, kiedy wykrwawiła się na śmierć. Nie mów mi, że zgodnie z somalijską tradycją celowo okalecza się córki, by wykrwawiły się na śmierć.

Wzięłam ją za ramiona i potrząsnęłam jak palmą daktylową, która obiecuje bogate zbiory.

– Odejdź, nic mi nie mów. Zostaw mnie samą. – Szarpnęła się i uwolniła z mego uchwytu.

Wybiegłam do holu. Byłam jak w transie. Włożyłam kurtkę i buty. Trzasnęłam za sobą drzwiami, po czym zbiegłam po schodach. Po kilku susach znalazłam się na ulicy. Natychmiast ruszyłam w stronę Dunaju. Chciałam oddalić się od ulicy – po prostu nie mogłam znieść hałasu.

Był cudowny, jasny dzień. Zimowe słońce ocieplił atmosferę, powietrze było rześkie i nasycone świeżością śniegu. Postanowiłam pójść w górę rzeki w kierunku wyspy na Dunaju. Starałam się jeszcze raz przemyśleć ostatnie wydarzenia. Co zaszło od czasu, gdy brat i siostra przyjechali do Wiednia, by odwiedzić mnie i matkę?

Biegłam ścieżką rowerową. Odgłos rowerowego dzwonka przerwał moje rozmyślania. Uskoczyłam na bok i wylądowałam na stoku pokrytym śniegiem. Uniosłam rękę w przepraszającym geście. Rowerzysta wydawał się udobruchany i uśmiechnął się do mnie. Otrzepałam się ze śniegu, zawiązałam mocniej adidasy i zaczęłam biec. Biegłam truchtem po chodniku, przez przejście podziemne do mostu dla pieszych, a następnie przez most na Dunaju. Czułam ostry powiew wiatru, toteż podciągnęłam kurtkę tak wysoko, że niemal nie było widać mojej twarzy.

Kiedy dotarłam na drugi brzeg rzeki, postanowiłam pobiec do samego krańca wyspy. „To niedaleko" – powiedziałam do siebie. Przyśpieszyłam i zacisnęłam pięści. Śnieg skrzypiał pod nogami, a przez głowę przesuwały mi się obrazy z minionych dni.

Początkowo czułam się niewiarygodnie szczęśliwa. Mohammed, mój duży brat, przyjechał do Wiednia. Chciał nas odwiedzić, więc zapłaciłam za jego lot z Londynu. Zadzwoniła też moja mała siostra Halwa. Jej również posłałam pieniądze, żeby mogła przylecieć z Genewy do Wiednia. Kiedy oboje się tu znaleźli, oczy mamy promieniały radością. Usiedliśmy w salonie i piliśmy herbatę, a ona sprawiała wrażenie niezwykle szczęśliwej. Nie słyszałam, by śmiała się tak głośno od czasów, gdy byłam małą dziewczynką. Snuła różne opowieści, jak robiła to, gdy byłam dzieckiem.

Zawsze lubiłam poczucie humoru matki i nadal nie znam nikogo, kto miałby większy dar opowiadania. Miło było posłuchać, jak mówi o kraju. Ktoś mógłby pomyśleć, że Somalia jest jednym z najszczęśliwszych miejsc na świecie. Przypominałam sobie chaty z naszych okolic, stada wielbłądów i kóz, rodzinne uroczystości, pustynny wiatr i ogniska, wokół których siadywaliśmy. Ten wieczór w Wiedniu, kiedy słuchaliśmy opowiadanych przez mamę historii, był jednym z najszczęśliwszych wieczorów od długiego czasu. Wszyscy spaliśmy w jednym pokoju. Leżeliśmy na podłodze na kilku materacach, tak jak spaliśmy w naszych chatach w rodzinnych stronach. Matka i córki, ich ciała jedno obok drugiego – tutaj, w moim mieszkaniu w Wiedniu. Mohammed też był z nami i spał na swoim materacu. Stanowiliśmy znowu małą i szczęśliwą somalijską rodzinę. W sercu Wiednia. Przez jeden wieczór.

Kiedy przebiegłam dwa kilometry, rozgrzałam się. Czułam, jak ciepło rozchodzi się po całym moim ciele. Przede mną znajdowało się skrzyżowanie. Tym razem postanowiłam pobiec ścieżką, której jeszcze nie znałam. Miałam ochotę spróbować czegoś nowego.

Być może za bardzo się zmieniłam, być może zarysowały się między nami zbyt duże różnice. Wkrótce nie czułam się już tak swobodnie z mamą, bratem i siostrą w moim mieszkaniu. Wszystko zaczęło się w momencie, gdy postanowili mi dokuczyć. Twierdzili, że nie potrafię już mówić po somalijsku. Myliły mi się słowa i dialekty. Początkowo uznali to za zabawne, ale wkrótce zaczęli mi po prostu dokuczać.

– Posłuchajcie, ona zapomniała nawet nasz język – roześmiała się mama, a brat i siostra chichotali razem z nią.

Następnie zaczęli mnie wypytywać o znaczenie poszczególnych somalijskich słów. W tej grze nie mogłam wygrać. Nikt z nas nie brał tego serio ani nie dramatyzował, atmosfera gęstniała jednak z dnia na dzień.

Mama każdego dnia coraz bardziej mnie krytykowała. Znajdowała wady we wszystkim. Nie podobał jej się sposób, w jaki się ubieram. Nie przypadło jej też do gustu moje uczesanie.

– Czy ktoś mógłby jeszcze pomóc tej kobiecie? – wykrzyknęła pewnego ranka.

Miałam zły humor, ponieważ – jak zwykle – byłam jedyną osobą, która przygotowywała w kuchni śniadanie. Ani matka, ani siostra, a już z pewnością nie brat, nigdy nie zaoferowali mi pomocy ani nawet nie podziękowali za gościnność.

Zamiast tego matka nie mogła się nachwalić Halwy, która powinna stać się dla mnie znakomitym wzorem do naśladowania. Z pewnością Halwa i Mohammed mówili doskonale po somalijsku i z ochotą przyłączali się do matki, by się ze mną droczyć. „Ona zapomniała nasz język. Nie ubiera się jak Somalijka. Wyrosła na małą Europejkę". Ciągle to powtarzali. Stałam się obca we własnym domu. Trójka moich gości zjednoczyła się przeciwko mnie. W dziwny sposób oddaliłam się od swojej rodziny. Próbowałam rozmawiać z rodzeństwem. Zapytałam Halwę, dlaczego przeniosła się do Szwajcarii.

– Taka była wola Allaha – odparła.

Zapytałam, czy nauczyła się już języka.

– Jeszcze nie, ale mój mąż prawdopodobnie pozwoli mi chodzić na jeden z kursów francuskiego oferowanych przez rząd szwajcarski.

Poradziłam jej, żeby zaczęła chodzić na kurs – ostatecznie mieszkała już w Szwajcarii od kilku lat.

Wydaje się, że ludzie z Somalii nienajlepiej integrują się w europejskim środowisku. Mój brat żyje w pewnej izolacji od społeczeństwa Manchesteru. Obraca się głównie wśród Somalijczyków. Mówi wprawdzie po angielsku, ale wiele rzeczy ułatwia fakt, że jest mężczyzną.

Przestałam biec. Ogarnął mnie smutek, ale muszę też przyznać, że byłam na siebie zła. Dlaczego w ciągu kilku ostatnich lat pozwoliłam swojej rodzinie zepchnąć się do takiej roli? Dlaczego to ciągle ja byłam stroną, która daje? Dlaczego pozwalałam, żeby mi dokuczali, poniżali mnie i zawsze pokazywałam, jak bardzo ranią mnie swoimi słowami? Podejmowałam wiele prób rozmawiania o mojej pracy i o kwestiach, które są dla mnie ważne. W końcu musiałam przyznać sama przed sobą, że nikt z rodziny nie interesował się tym, co robię. Moje rodzeństwo dzwoniło do mnie jedynie wówczas, gdy potrzebowało pieniędzy. Nigdy nie padło pytanie: „Jak się czujesz? Czym się zajmujesz? Jak tam twoja praca?". Nie zdarzyło się to żadnemu z nich.

Bieg mi pomógł. Dotarłam do końca wyspy na Dunaju. Stałam na samym krańcu tego dzieła człowieka, które zostało wzniesione, żeby uchronić Wiedeń przed powodziami. Wspięłam się na najwyższe wzniesienie i głęboko zaczerpnęłam powietrza. Wiatr smagał mnie po twarzy. Byłam pod wrażeniem potęgi wody płynącej po mojej lewej i prawej stronie. W tym momencie zdałam sobie sprawę, że sposób życia i myślenia mojej matki i mój zawsze będą się różnić. Odwróciłam się i pobiegłam do domu.

Mama wyjechała z Austrii kilka dni później.

8

Moje nowe życie

Siedzę na dywanie w salonie. Nagle dostrzegam, że telewizor powoli się do mnie przybliża. Wyraźnie przesunął się w moją stronę. Przebył maleńki odcinek i stanął nieruchomo. Teraz znów ruszył. I znów się zatrzymuje. Nagle widzę go blisko siebie. Mogę nawet dotknąć ekranu.

Czuję w dłoni pilota. Kiedy na niego patrzę, zaczyna się deformować jak miękka plastelina. Zaciskam na nim dłoń, ale mam wrażenie, że lada chwila wypadnie mi z ręki. Ściskam go coraz bardziej kurczowo. Nagle słyszę głośny trzask. Pilot rozpadł się na niezliczoną ilość kawałków. Dłoń zaczyna mi krwawić, ale nie zauważam tego, dopóki krew nie zaczyna kapać na dywan. Spoglądam przed siebie i widzę, że telewizor stoi w tym samym miejscu co zawsze. A może troszkę przesunął się do tyłu?

Krzesła ustawione przy stole w jadalni zaczynają się pochylać. Wyraźnie słyszę, jak się śmieją. Ich śmiech nasila się i rozbrzmiewa w całym pokoju. Zatykam uszy, spoglądam w górę i widzę, jak ściany pochylają się ku mnie. Nie mam wiele czasu, lada chwila na mnie runą. Są już niebezpiecznie blisko. Powietrze staje się bardziej rozrzedzone, krzesła śmieją się coraz głośniej. Ściany niemal mnie dosięgły. Wciąż mnie prześladuje ich sardoniczny śmiech.

Skoczyłam na równe nogi i pobiegłam do łazienki. Zostawiłam za sobą krwawy ślad. W łazience zauważyłam, że wanna jest wypełniona wodą.

„To dziwne – pomyślałam. – Nie pamiętam, żebym przygotowywała sobie kąpiel". Przyglądam się uważniej i na powierzchni wody widzę odbicie mojej matki. Spogląda na mnie pytająco. „Mamo", wołam do niej i dotykam dłonią wody. Odbicie znika, a woda staje się czerwona jak krew. Krzywię się, czując dotkliwy ból. Woda jest lodowato zimna. Upadam na kolana i zaczynam płakać. Mdleję.

Nie wiem, jak długo byłam nieprzytomna. Kilka minut? Godzinę? A może dłużej? Kiedy odzyskuję przytomność, widzę, że leżę na podłodze. Mokre włosy przylegają mi do szyi. Krew na dłoni zdążyła już wyschnąć.

Rozlega się dzwonek do drzwi. Czyżbym ocknęła się na jego dźwięk?

Zbieram się w sobie, podnoszę i słaniając się na nogach, podchodzę do drzwi. Czuję się strasznie obolała, niemal chora, ale zachowuję jasność umysłu. Otwieram. Na progu stoi Walter. Patrzy na mnie oczyma szczeniaka, jak zwykle, kiedy martwi się o mnie.

– Waris, co się z tobą dzieje?! – wykrzykuje.

Spoglądam w lustro w przedpokoju i widok przejmuje mnie grozą. Jestem ubrana w biały T-shirt, poplamiony krwią. Mam spuchniętą twarz i zapuchnięte oczy. Wyglądam tak, jakbym właśnie zakończyła walkę bokserską.

– Waris, próbowaliśmy się do ciebie dodzwonić przez kilka dni – powiedział Walter łagodnie. – Twoja komórka jest wyłączona, nie otwierałaś drzwi. Wszyscy naprawdę się o ciebie martwili.

– Czuję się dobrze – odparłam. – Proszę cię, odejdź. Chcę być sama.

Jednak Walter nie jest osobą, która łatwo się poddaje.

– Waris, widzę, że nie czujesz się dobrze. Porozmawiajmy.

– Ale ja nie chcę z nikim rozmawiać – odpowiedziałam markotnie. – Nikogo nie potrzebuję.

– Mam propozycję – oświadczył Walter. – Pozwól mi wejść na pięć minut. Zaraz potem sobie pójdę.

– Zgoda. Ale tylko na pięć minut.

Pięć minut przedłużyło się do pięciu godzin. Opowiedziałam mu całą historię, wszystko, co się wydarzyło od czasu wyjazdu mamy. Walter uważnie przysłuchiwał się moim słowom.

Mama pojechała z Mohammedem do Manchesteru. Miała zamiar

zostać w Anglii kilka tygodni, a następnie odwiedzić Halwę w Szwajcarii. „Chciałabym zobaczyć swoje wnuki" – powiedziała.

Zastanawiałam się, czy mówiąc to, stawiała mi zarzut, ponieważ podczas jej odwiedzin w Wiedniu nie było tu Aleeke. Przez te kilka dni do wyjazdu matki nie doszło między nami do żadnej sprzeczki. Nie używałyśmy przykrych słów, nie mówiłyśmy do siebie podniesionym głosem. Wszystko zostało powiedziane. Nikt nie miał dość energii do nowej kłótni. Próbowałam zachować spokój. Chciałam pożegnać się z mamą, pozostając z nią w dobrych stosunkach. Muszę też przyznać, że wiele rzeczy, które mi powiedziała, sprawiło, że miałam ściśnięte gardło. Czy nie byłam wystarczająco cierpliwa? Czy nie byłam dostatecznie wyrozumiała? A może okazałam się niewdzięczna? Nie mogę zaprzeczyć, że mama pomogła mi w ucieczce z domu. Stanowiła dla mnie oparcie, gdy byłam dzieckiem. Bez niej nie stałabym się tym, kim jestem.

Towarzyszyłam matce w drodze na lotnisko. Przytuliłyśmy się do siebie i w tamtej chwili odczułam jej miłość. Miała na sobie kolorowy, obszerny somalijski strój, złote naszyjniki i pierścionki. Lubi się w ten sposób ubierać. Wyglądała bardzo pięknie.

Patrzyłam, jak przechodzi przez kontrolę paszportową. Odwróciła się. Spojrzałyśmy sobie w oczy. Matka i córka. Miałam wrażenie, że widzę na jej twarzy łzy. Moje policzki również były mokre. Stałam tam przez kilka minut, niezdolna się poruszyć. Mama już zniknęła.

– Niedługo się zobaczymy – powiedziałam do siebie. – Na pewno niedługo się zobaczymy.

Po wyjeździe matki odczuwałam ogromną pustkę. Wróciłam do mieszkania, które teraz wydawało mi się zimne i niezbyt przyjazne. Przykucnęłam na materacu, który przez kilka tygodni służył mamie za łóżko. Byłam bardzo smutna. Smutna jak dziecko, które zgubiło się na pustyni.

– Mamo, potrzebuję cię – wyszeptałam. – Potrzebuję cię jak pustynia, która łaknie deszczu, jak kwiaty, które pragną słońca. Potrzebuję cię tak, jak niemowlę potrzebuje ciepła matki. Moje serce tęskni za tobą.

Wszystko w mieszkaniu zostawiłam w takim porządku, jak wówczas, kiedy była tu mama. Poduszki i koce, których używała leżały w tym samym miejscu. Puściłam jej ulubioną somalijską muzykę. Próbowałam coś namalować, ale leżący przede mną karton pozostał czysty. Nie miałam energii; nie wychodziłam z domu przez kilka dni. Czułam się samotna, ale nie chciałam się z nikim widzieć ani rozmawiać. Dałabym wszystkie pieniądze świata, żeby mama wróciła.

Pogoda w Wiedniu była okropna. Tak ostrej zimy nie było tu od wielu lat; słońce rzadko się pojawiało.

Zadzwoniłam do Aleeke. Chciałam usłyszeć jego głos. Umówiłam się z byłym mężem, że przyjadę za kilka tygodni i zabiorę Aleeke na wakacje. Syn czekał na to równie niecierpliwie jak ja.

Walter spojrzał na mnie z wyczekiwaniem.

– Waris, miałaś mi powiedzieć, co się wydarzyło. Dlaczego od wielu dni nie dawałaś znaku życia?

Zebrałam się na odwagę i ciągnęłam swoją opowieść.

Kilka dni po wyjeździe matki ktoś niespodziewanie zadzwonił do moich drzwi. Był to znajomy z Afryki. Mieszkał w Wiedniu i starał się o azyl. Przyjrzał mi się i wydawał się zasmucony tym, co zobaczył. Poprosiłam, żeby sobie poszedł, ale jakiś czas potem wrócił, tym razem z torbą pełną butelek „złej wody".

– Waris, napij się drinka. Lepiej się poczujesz – powiedział.

Niestety wypiłam więcej niż jednego drinka. Porozmawialiśmy sobie od serca. Opowiedział mi o strasznych doświadczeniach podczas ucieczki z Afryki i o upokorzeniach, które musiał znosić, gdy ubiegał się o azyl w Wiedniu. Przypomniałam sobie czas spędzony w Londynie po ucieczce z somalijskiej ambasady. Przez wiele tygodni nie miałam gdzie spać, byłam zmuszona mieszkać na ulicy. Pewnego dnia znajomy pomógł mi znaleźć pokój. Teraz opowiedział mi o różnych swoich sprawach, ja też mu się zwierzyłam. Oboje wypiliśmy i diabeł znów objął w posiadanie moją duszę.

Następnego ranka obudziłam się ze strasznym bólem głowy. Było już popołudnie i ktoś znów pukał do drzwi. Mój afrykański znajomy wrócił i namówił mnie, żebym poszła z nim do klubu, gdzie chodzą prawie sami Afrykańczycy. Miałam ochotę gdzieś wyjść i chciałam się pozbyć zawrotów głowy. Zostaliśmy tam przez całą noc. Większość czasu przetańczyłam, żeby zapomnieć o trapiących mnie smutkach, lękach i frustracji.

Zaczęło już świtać, kiedy wróciłam do domu. Gdy zamknęłam za sobą drzwi, poczułam bezgraniczną pustkę i przebiegł mnie dreszcz. Byłam jednak zbyt zmęczona i prawdopodobnie miałam w organizmie zbyt dużo tego diabelstwa, żeby się sobą zająć. Zasnęłam na kanapie w salonie i obudziło mnie głośne pukanie do drzwi. Wstałam i otworzyłam je. Mój afrykański znajomy znów się pojawił. Tym razem nie był sam. Przyprowadził ze sobą kilku swoich przyjaciół.

– Cześć, Waris, słyszeliśmy, że nie czujesz się dobrze – powiedział jeden z nich. – Przyszliśmy cię rozerwać i przynieśliśmy afrykańskie jedzenie.

Czułam się zbyt zmęczona, żeby uprzejmie poprosić chłopców, by sobie poszli. Zanim zdałam sobie z tego sprawę, wszyscy znaleźli się w mojej kuchni. Jeden z nich był szefem kuchni w bardzo dobrej wiedeńskiej restauracji i szybko przygotował dla nas wyśmienity posiłek.

Po pewnym czasie poprosiłam ich w przyjazny, lecz stanowczy sposób, żeby wyszli. Usiadłam na dywanie w salonie i słuchałam płyty z moją ulubioną muzyką z Somalii. Sięgnęłam po koc, którym mama zawsze się u mnie przykrywała, i owinęłam się nim. Przycisnęłam koc do twarzy i nosa, by poczuć jej zapach. Zapach, który był mi tak dobrze znajomy, gdy byłam dzieckiem. W tym momencie poczułam wielkie ciepło i miłość. Po pewnym czasie muzyka ucichła, a ja zapadłam w sen.

Kiedy się obudziłam, w mieszkaniu było bardzo zimno, nawet koc nie mógł mnie ogrzać. Zaczęły mi dokuczać straszne skurcze. Był to początek menstruacji. Nagle poczułam, że jest mi gorąco. Podobnie jak każdego miesiąca ogarnęło mnie przerażenie. Niebawem strach zupełnie mnie sparaliżował. Jęczałam i krzyczałam. Nie było nikogo, kto mógłby mi pomóc.

Ból brzucha stawał się nie do zniesienia. Poszłam do kuchni poszukać środków przeciwbólowych. Zawsze staram się mieć zapas, ale okazało się, że się skończyły. Moi afrykańscy znajomi zostawili kilka butelek „złej wody". Niewiele myśląc, zaczęłam pić.

Co się potem stało? Nie wiem. Zupełny zanik pamięci. Aż do czasu, gdy telewizor zaczął się do mnie przybliżać, a pilot zamienił się w plastelinę...

Walter słuchał uważnie. Nie zadawał żadnych pytań, nie przerywał mi i o nic nie oskarżał. Po prostu był ze mną jak przyjaciel.

– Waris, musisz na pewien czas wyjechać z Wiednia – powiedział w końcu. – Masz za sobą wyczerpujące dni spędzone z matką, a teraz z kolei towarzyszy ci przykre uczucie, że jej potrzebujesz. Jeżeli zostaniesz w mieszkaniu, gdzie wszystko ci ją przypomina, zwariujesz.

— Co proponujesz? — zapytałam zmęczonym głosem.

— Znam kogoś w austriackich Alpach — odpowiedział Walter. — Prowadzi duże centrum sportowe w Obertauern. Przebywa tam wielu sportowców — narciarzy, biegaczy i piłkarzy. Przechodzą testy sprawności fizycznej, ustalany jest harmonogram treningów, a następnie przygotowują się do zawodów. Jest cudownie, sama się przekonasz. Będziesz otoczona przez przyrodę, odzyskasz spokój i znów zaczniesz biegać.

— Nie wiem, Walter — przerwałam mu sceptycznie. — W tej chwili nie mam nastroju, żeby cokolwiek robić. Chcę po prostu być sama.

— Waris, jesteś silną kobietą i masz misję do spełnienia. Dzięki swojej pracy pomogłaś tysiącom dziewcząt i kobiet. Twoje książki obudziły nadzieję w milionach ludzi. Po prostu potrzebujesz nowego środowiska, by naładować akumulatory i przemyśleć ostatnie wydarzenia. Zobaczysz, w Obertauern znów zaczniesz biegać. Od razu do nich zadzwonię.

Poddałam się. „Być może masz rację, Walter — pomyślałam. — Być może zmiana otoczenia dobrze mi zrobi".

Walter sięgnął po swój telefon komórkowy, założył okulary i wybrał numer. Po kilku minutach uśmiechnął się do mnie.

— Wszystko jest gotowe. Obertauern czeka na ciebie.

— Kiedy mam jechać?

Jestem z natury osobą niecierpliwą. Wszystko chciałabym mieć natychmiast.

— Jutro. Ale twoje nowe życie zaczniemy już dzisiaj — odparł pełen energii. — Pójdę ci coś kupić. Potrzebujesz witamin.

Wrócił pół godziny później. Przyniósł moje ulubione napoje: sok marchewkowy, sok pomarańczowy, mleko, jogurt i trochę owoców. Usiedliśmy w salonie i zaczęliśmy rozmawiać.

— Waris, wiem, że masz na tyle silną wolę, by poradzić sobie z tą sytuacją — powiedział Walter. — Tyle razy udało ci się wyjść cało z różnych opresji. Wygrasz też ze swoim najgorszym wrogiem, „złą wodą". Jestem tego pewny. Musisz po prostu zrobić pierwszy krok. Robisz to właśnie teraz.

Pociągnęłam wielki łyk mleka, po czym wypiłam cały litr. Walter spojrzał na mnie zdziwiony.

– To na odtrucie – powiedziałam i obydwoje się roześmialiśmy.
Po posiłku zaczęliśmy sprzątać mieszkanie. Pracowaliśmy przez cały wieczór. Walter wyniósł do śmietnika wszystkie butelki po „złej wodzie". Wyszedł ode mnie późno w nocy. Zadzwonił do drzwi nazajutrz wczesnym rankiem.
– Waris, ruszamy! – powiedział.
Jechaliśmy autostradą kilka godzin. Minęliśmy Linz, a następnie Salzburg. W końcu samochód znalazł się na stromej górskiej drodze. Po obu jej stronach widniały wielkie kopce śniegu, ale droga, która cały czas prowadziła pod górę, była przejezdna. Po pewnym czasie dotarliśmy do Obertauern, pięknej wioski narciarskiej położonej pośród Alp na wysokości 2000 metrów. Region ten jest dobrze znany wielbicielom muzyki; to tutaj Beatlesi kręcili w 1965 roku zdjęcia do swego legendarnego filmu *Help*.
Centrum sportowe leży w odosobnionym miejscu. Ogromny biały budynek miał się stać moim domem na najbliższe dni i tygodnie. Nie mogłam się już doczekać ćwiczeń pod gołym niebem. Przypominałam sobie czasy dzieciństwa, gdy biegałam z kozami po pustyni. Zawsze sprawiało mi to przyjemność.
Kiedy wysiedliśmy z samochodu, musiałam zamknąć oczy. Słońce świeciło tak mocno, że zamieniało śnieg w błyszczące, krystaliczne tło. Gdziekolwiek się spojrzało, wszystko skrzyło się i lśniło. Powietrze było zimne, ale suche.
Walter przedstawił mnie Heiniemu Bergmüllerowi. Wśród austriackich trenerów uchodzi on za guru. Jednym ze sportowców, których trenuje, jest mistrz olimpijski Hermann Maier.
Heini okazał się nie tylko świetnym fachowcem, lecz także gościnnym gospodarzem. Oprowadził mnie po całym obiekcie. Zwiedziłam liczne siłownie i sale do ćwiczeń. Obejrzałam też oddział medyczny, ale Heini zauważył wkrótce, że jestem wykończona długą jazdą i prawdopodobnie doświadczeniami minionych tygodni.
– Dziś masz ciężki dzień za sobą – powiedział przyjaznym głosem. – Będziesz musiała wykrzesać z siebie dużo energii. Zaczniemy od jutra. Zobaczysz, w ciągu kilku tygodni staniesz się zupełnie nową kobietą.
Pożegnałam się z Walterem, który musiał wrócić do Wiednia, i poszłam do mojego pokoju. Był mały i zaopatrzony jedynie w to, co jest absolutnie niezbędne.

„Bardzo dobrze – powiedziałam do siebie. – Nic mnie tu nie będzie rozpraszać". Zgasiłam światło i w tej samej sekundzie zasnęłam.

Kiedy byłam dzieckiem, marzyłam o tym, żeby brać udział w maratonach. Nie zdawałam sobie sprawy, że to takie trudne. Następnego dnia Heini bezustannie poddawał mnie różnym ćwiczeniom. Musiałam biegać, chodzić, robić wdechy i wydechy. Robiono mi prześwietlenia, osłuchiwano i zadawano pytania. Moje stawy wykręcano na wiele sposobów, mierzono mi mięśnie, a wszystko zapisywano w tabelach i statystykach.

„Mój Boże – pomyślałam. – Pod koniec dnia będą wiedzieć o moim ciele więcej niż ja".

Heini wszystko mi wyjaśnił.

– Badamy twoje mięśnie tak dokładnie, żeby określić ewentualne deficyty – powiedział. – Pozwoli nam to ustalić dla ciebie idealny harmonogram ćwiczeń.

Po południu miał sprawdzić moją kondycję fizyczną.

– Zrobimy to na stacjonarnym rowerku – postanowił Heini.

Postanowiłam mu ten pomysł wyperswadować.

– Nie jestem przyzwyczajona do rowerków, ale lubię biegać. Czy mogłabym przejść sprawdzian na ruchomej bieżni?

– Zgoda – przystał na moją propozycję Heini.

Postawił mnie na ogromnym urządzeniu z czarną, gumową matą pośrodku. Asystent medyczny przycisnął guzik i gumowa mata zaczęła się poruszać. Początkowo wolno, a następnie coraz szybciej. Za każdym razem, zanim mata przyśpieszyła, kłuto mnie w ucho.

– Określamy stężenie mleczanu – wyjaśnił trener. – Mleczan powstaje z kwasu mlekowego. Stężenie mleczanu daje nam sporo wskazówek o sile twoich mięśni. Sposób, w jaki przebiega wykres, pozwala odczytać stan twojej kondycji fizycznej.

Test zakończył się mniej więcej po czterdziestu pięciu minutach. Zeskoczyłam z bieżni wyczerpana, ale szczęśliwa. Bieg dobrze mi zrobił.

Heini spojrzał na rezultaty testu.

– No i co? – zapytałam ironicznie. – Wspaniały sportowiec czy stara babcia?

– Naprawdę mnie zdziwiłaś – odpowiedział. – Jesteś w dobrej formie. Czy na pewno nie trenowałaś w ciągu kilku ostatnich tygodni?

— Na pewno — odpowiedziałam wesoło. — Jestem tego absolutnie pewna.

Do dzisiaj nie wiem, czy Heini mówi to każdemu, by wzmocnić w ludziach motywację. W każdym razie poczułam się błogo. „Jeszcze nie wszystko stracone".

Po kilku następnych testach dostałam harmonogram treningów, którego miałam przestrzegać w ciągu następnych czterech tygodni.

— O rany! Nigdy nie będę w stanie tego zrobić — wymamrotałam pod nosem.

Harmonogram określał wszystko w najdrobniejszych szczegółach. O jakich porach powinnam biegać i jak długo. Około dziewięćdziesięciu procent treningu należało wykonywać w tak zwanym umiarkowanym tempie. Nie powinnam była wykorzystywać całej swojej siły, ale biegać długie dystanse na średniej szybkości. Heini podzielił biegi na trzy odcinki po dwadzieścia minut. Pomiędzy nimi zawsze następowała pięciominutowa przerwa na ćwiczenia rozciągające. Dodatkowo miałam wykonywać program składający się z łatwych ćwiczeń, polegający na podnoszeniu ciężarów — chodziło zwłaszcza o wzmocnienie pleców, z wykorzystaniem piłek lekarskich — i stosować trening koordynacji, który powinien był mnie nauczyć właściwego sposobu biegania.

Zaczęłam nazajutrz. Od tego dnia biegałam piętnaście kilometrów dziennie, różnymi trasami — drogą, wzniesieniami pokrytymi śniegiem, doliną, gdzie zaczynały kwitnąć pierwsze wiosenne kwiaty, lub wzdłuż krystalicznie czystego strumyka. Wkrótce zauważyłam, że bieganie bardzo mnie zrelaksowało. Dręczące myśli zniknęły. Mój umysł był wolny. Czułam się ogromnie szczęśliwa. Zachowało się kilka zdjęć z tego okresu. Widać na nich osobę wyraźnie zadowoloną z życia.

Nie miałam pokusy, żeby chociaż raz napić się „złej wody". Nie przeszło mi to nawet przez myśl. Podobne zachowanie uważałabym za grzech.

Po kilku dniach natknęłam się na Heiniego. Powiedziałam mu o moim sukcesie, a on się uśmiechnął i powiedział:

— Waris, wszyscy tutaj widzą, że czujesz się z każdym dniem lepiej. Szczęście pochodzi z naszego wnętrza. Ty po prostu promieniejesz.

Usiedliśmy w kącie i wdaliśmy się w rozmowę.

— To takie proste — powiedziałam — a jednocześnie tak trudno w to uwierzyć. Przez całe lata walczyłam z problemem alkoholowym, a teraz w ciągu kilku dni odkryłam, że ćwiczenia fizyczne pomagają mi wyjść z tej ciemnej doliny. Bieganie sprawiało mi przyjemność, kiedy byłam dzieckiem. Dlaczego nie pomyślałam o tym wcześniej?

– Większość ludzi uważa, że dzięki uprawianiu sportu utrzymują dobrą formę i zachowują zdrowie – odparł Heini. – Tymczasem ćwiczenia fizyczne oczyszczają także nasze dusze. Ciało zaczyna wydzielać endorfiny. Czujemy się bardziej ufni we własne siły. I nagle udaje nam się robić rzeczy, których nawet nie próbowaliśmy wcześniej. To wzmacnia wiarę w siebie.

– Tak, masz rację. Czuję się bardziej zrelaksowana i lepiej sypiam.

Treningi przyniosły wspaniały efekt. Moja kondycja fizyczna radykalnie się poprawiła. Wkrótce mogłam biegać na dłuższych dystansach, nie tracąc oddechu, a mój puls nie był przyśpieszony. Czułam się świeższa, bardziej wysportowana i młodsza. Jednak największym cudem było to, że niezwykle trudny do zniesienia ból podczas menstruacji stał się nagle znośny.

W końcu nadszedł dzień wyjazdu. Zakochałam się w Obertauern, ale tęskniłam też za atmosferą miasta i za swoim mieszkaniem. Przed wyjazdem dostałam wiele harmonogramów treningów i dobrych rad.

– To bardzo ważne, żebyś miała cel do osiągnięcia – powiedział Heini Bergmüller, kiedy miałam już wsiadać do samochodu. – Gdy już go sobie wyznaczysz, treningi w Wiedniu staną się równie łatwe jak tutaj.

– Tak, tak, wiem, że chcesz, abym wygrała olimpiadę – odparłam z uśmiechem i wsiadłam do samochodu, w którym czekał już na mnie Walter.

Po chwili odjechaliśmy.

Rzeczywiście miałam plany, żeby osiągnąć pewien cel. Zamierzałam przebiec półmaraton, ale nie chciałam jeszcze o tym mówić. Bałam się, że mi się nie uda.

Walter wszystko zorganizował. Kiedy wróciliśmy do Wiednia, przedstawił mnie przyjacielowi, który również przygotowywał się do swego pierwszego maratonu. Szczęśliwym zbiegiem okoliczności Daniel mieszkał nieopodal. Przed wyruszeniem na codzienny bieg dzwonił do moich drzwi i zabierał mnie ze sobą. Od samego początku wszystko przebiegało doskonale, ponieważ pod względem przygotowania sportowego i kondycji reprezentowaliśmy ten sam poziom. Uzgodniliśmy nasz harmonogram treningów. Czasem biegaliśmy dziesięć kilometrów spokojnym tempem, niekiedy zaś pokonywaliśmy jedynie siedem, ale w szybszym tempie.

Jeden dzień w tygodniu był zarezerwowany na długi bieg – biegaliśmy do dwudziestu kilometrów przez zielone płuca Wiednia. Droga do portu w Wiedniu prowadziła przez płaski teren. Toczyliśmy rozmowy o świecie, o rodzinie i przyjaciołach. Niekiedy czas biegu poświęcony był spokojnemu wsłuchiwaniu się w nasze ciała.

Staraliśmy się uprawiać biegi w różnych okolicach. Niekiedy jechaliśmy samochodem do pałacu Schönbrunn, by następnie zrobić kilka okrążeń w cudownym parku. Trudno w to uwierzyć, ale tamtejsze stoki mogą być dosyć wyczerpujące. Pewnego razu Daniel zabrał mnie na wzgórze w pobliżu Wiednia, zwane Hermannskogel. Wciąż biegaliśmy w górę i w dół po leśnych ścieżkach. Niespecjalnie przypadło mi to do gustu. Jestem dzieckiem pustyni, lubię płaskie tereny.

* * *

Mamo, znów zaczęłam malować. Niektóre obrazy, już ukończone albo prawie ukończone, stoją oparte o ściany w moim mieszkaniu. Ilekroć przyjdzie mi na to ochota, sięgam po jeden z nich i coś domalowuję. Lubię farby olejne. Moje palce są moimi pędzlami. Czasami, gdy maluję, czuję się jak w transie. Zapominam o całym świecie. Nie słyszę nawet dzwonka telefonu. Jestem całkowicie pochłonięta malowaniem.

Niemal na wszystkich moich obrazach maluję maski. Wiele z nich wygląda przerażająco. We mnie nie wzbudzają grozy, ale przerażają innych ludzi, którzy na nie patrzą. Rzadko się zdarza, abym pokazywała komukolwiek swoje obrazy. Są zbyt intymne. Maluję tylko dla siebie. Niektóre przedstawiają jedną wielką maskę, inne – kilka mniejszych. Bywa też, że maski fruwają niczym ptaki. Pracuję z wieloma symbolami, takimi jak zwierzęta czy ludzkie postacie. Nie znam znaczenia wszystkich tych symboli. Moje ulubione barwy to czerwona, żółta i brązowa, ale lubię również zieloną, błękitną i fioletową. Często posługuję się bardzo intensywnymi kolorami, które nazywam „krzyczącymi".

Nigdy nie kształciłam się w dziedzinie malarstwa. Nie ukończyłam żadnego kursu. Wszystko zaczyna się w mojej głowie i w wyobraźni. Gdy ogarnia mnie zapał, nie mogę spać. Czuję wówczas wewnętrzny przymus pracy nad obrazem. Czasami, rzadko, palce zaczynają mi krwawić, po-

nieważ maluję z wielkim zacięciem przez długi czas. Przeważnie nie od razu zauważam krwawienie. Krew spływająca z palców miesza się wówczas z kolorami na płótnie. Tworzy się nowy świat barw.

Zdarzają się okresy, kiedy maluję bez przerwy przez całe trzy doby, dzień i noc, jakbym była tym opętana. Robię tylko bardzo krótkie przerwy. Zapominam o jedzeniu i piciu. Moje obrazy stają się dla mnie pożywieniem. Nikt nie może mi przeszkodzić, ponieważ żyję we wszechświecie kolorów, którego nie jestem w stanie opuścić. W końcu czuję się całkowicie wyczerpana, ale odczuwam ulgę. Malowanie jest dla mnie jak bieganie. To sposób na odnalezienie samej siebie i kontrolowanie problemów ze „złą wodą".

Niekiedy kupuję ramy do tych obrazów, które wiele dla mnie znaczą. Oprawione prace wieszam w mieszkaniu, inne stoją oparte o ścianę. Wiele obrazów przechowuję w dużych teczkach.

Zbieram również afrykańskie rzeźby, maski, obrazy i różne wyroby rzemiosła artystycznego, które przywiozłam z kilku podróży dookoła świata i z Afryki. Pochodzą z Somalii, Kenii, Etiopii, Maroka, Senegalu, Sudanu, Republiki Południowej Afryki i innych afrykańskich krajów. Każda z tych rzeźb czy masek ma dla mnie szczególne znaczenie. Posiada duszę i energię. Wiesz, Mamo, wielu ludzi w Afryce wierzy w ich moc. Są „dobre" i „złe" maski oraz rzeźby. Właśnie dlatego rozmawiam z nimi, chociaż niektórzy mogliby uznać moje zachowanie za szalone.

Mam grupę rzeźbionych figur, które kupiłam wiele lat temu. Nazywam je moją „afrykańską rodziną", ponieważ zabieram je ze sobą wszędzie, gdzie jadę. Mieszkały ze mną w Londynie, Nowym Jorku i w Cardiff, a teraz mają swoje stałe miejsce w Wiedniu. Zawsze mi towarzyszyły w dobrych i złych czasach. Zwiedziły kawał świata. Uśmiejesz się teraz, Mamo, ale niekiedy przywożę im z podróży małe upominki, na przykład naszyjniki czy kolorowe chusty. Ilekroć czułam się samotna, moja „afrykańska rodzina" była na miejscu. Powstrzymywała mnie przed piciem i nie zostawiała samej w ciężkich chwilach. Kiedy mam ochotę, zaczynam z nimi rozmawiać. Moja ulubiona figura wyraża postawę: „nie dostrzegaj nic złego, nie słysz nic złego, nie mów nic złego". Tego właśnie życzę światu.

„Afrykańska rodzina" martwi się, gdy piję „złą wodę". Tak właśnie nazywam alkohol, który stał się w moim życiu przyczyną wielu problemów.

Mówię „zła woda", ponieważ woda ma dla mnie zupełnie inne znaczenie. Jest czymś świętym. Nawet w łazience nie pozwalam, by płynęła z kranu bez powodu.

Kiedy się myję, napełniam miseczkę, którą przywiozłam z Somalii. Bardzo ostrożnie, żeby niczego nie zmarnować, ani nie rozlać. My, Afrykanie, mamy inny stosunek do wody. Tutaj, w Europie, woda wypływa z każdej skały i górskiego zbocza, ale w Somalii ma cenę złotego kruszcu. Wielu ludzi oddałoby prawą rękę, żeby mieć dosyć wody do picia. Nigdy nie zapomnę braku wody w Somalii, kiedy byłam dzieckiem. Człowiek może zapomnieć albo stłumić wiele rzeczy w życiu. Nie sposób jednak wyrzucić z pamięci doświadczeń z dzieciństwa.

* * *

W końcu nadszedł wielki dzień. Mój pierwszy półmaraton. W momencie startu czułam, jak oszalałe serce wali mi w piersi, ale później, podczas biegu, moje nogi dostały skrzydeł. Niemal płynęłam ponad ulicami, czułam się wolna i szczęśliwa.

Daniel przekroczył linię mety po trzech godzinach i pięćdziesięciu siedmiu minutach. Ja przebiegłam półmaraton w czasie krótszym niż dwie godziny, chociaż w pewnym momencie przypadkiem pobiegłam w niewłaściwą stronę. Po biegu miałam pęcherze na stopach i bolały mnie nogi, jednocześnie jednak byłam niewiarygodnie szczęśliwa. Udało mi się pobiec do mego nowego życia.

* * *

Mamo, po Twoim wyjeździe powiesiłam w kuchni plakat, dokładnie naprzeciwko lodówki. Na plakacie jest następujące zdanie: „Waris, wykonałaś wspaniałą pracę! Biegnij dalej!!!". Pod plakatem wisi na haku para starych tenisówek. Ilekroć czuję pokusę kupienia „złej wody" i wstawienia jej do lodówki, plakat przypomina mi, jak dobrze się mają moje ciało i dusza, kiedy trenuję. „Zła woda" nigdy nie mogłaby mi ofiarować tego uczucia.

Mamo, odczuwam ulgę na myśl, że napisałam Ci o swoich problemach ze „złą wodą". Ciężar spadł mi z serca. Odzyskałam poczucie bezpieczeństwa, którego brakowało mi od długiego czasu. Znów lubię siebie i swoje życie. Biegam kilka razy w tygodniu, sama albo w towarzystwie. Cieszę się przyrodą, wolnością i swoim ciałem.

Kilka dni temu uczestniczyłam w Biegu Austriackich Kobiet. Pieniądze zebrane podczas tej imprezy przeznaczono na wsparcie Fundacji Waris Dirie. Zrobiło to na mnie wielkie wrażenie. W biegu uczestniczyło ponad osiem tysięcy kobiet, więcej niż kiedykolwiek przedtem.

Był piękny dzień na wiedeńskim Praterze. Wzdłuż ulicy kwitły kasztany jadalne, a ja byłam do głębi poruszona wspaniałością kolorów i kwiatów, które wiosną zdobiły Wiedeń. Stolica Austrii jest wyjątkowo zielonym miastem, Mamo, zupełnie innym niż znane nam krajobrazy.

Po biegu organizatorzy przekazali mi czek na dużą kwotę dla mojej fundacji. Tysiące kobiet oklaskiwało mnie na podium. Czułam się dumna i ogarnęło mnie niezwykłe wzruszenie. Jednym z powodów do dumy był fakt, że udało mi się zebrać tak dużo pieniędzy, ale byłam też dumna z siebie, ponieważ wygrałam wojnę z demonem.

* * *

Znajdowałam się na pokładzie samolotu lecącego do Republiki Południowej Afryki. Spojrzałam w dół na pokryte śniegiem austriackie Alpy. Wyciągnęłam szyję i przez głowę przebiegła mi myśl: „Może dojrzę stąd Obertauern". Oczywiście było to zupełnie nierealne.

Przypomniałam sobie swój pobyt w górach kilka tygodni temu. Mnóstwo śniegu i moja głowa wypełniona dziwnymi myślami. Jeszcze nie tak dawno byłam prawie na dnie, kiedy demon zwyciężył. Teraz znów jestem z siebie dumna; odzyskałam wewnętrzną równowagę.

Pamiętam reakcję Waltera, kiedy zobaczył, jak bardzo zmieniły mnie ćwiczenia fizyczne. Przygotował dla mnie wielką niespodziankę.

– Zdaję sobie sprawę, że bardzo tęsknisz za Afryką – powiedział pewnego wieczoru. – Jesteś i zawsze pozostaniesz dzieckiem słońca.

Byłam niespokojna.

Walter spojrzał na mnie i ciągnął:

– Jak wiesz, pracowałem przez pewien czas dla kardiochirurga z Republiki Południowej Afryki, profesora Christiana Barnarda i dla jego fundacji. Często go odwiedzałem. Jest tam teraz gorące lato i przez cały dzień świeci słońce. RPA to wspaniały kraj – jednocześnie Afryka i Europa. Nadal mam tam wielu przyjaciół i wciąż jestem w kontakcie z rodziną profesora Barnarda. Zadzwoniłem do nich. Powiedzieli, że będą szczęśliwi, mogąc cię powitać w Kapsztadzie.

Rzuciłam mu się na szyję, wołając:
– Och, bardzo ci dziękuję!
Nie byłam w stanie powiedzieć nic więcej.
Zobaczę mój rodzinny kontynent wcześniej, niż mogłam się tego spodziewać.

– Słońce dobrze ci zrobi – uznał Walter. – Nadszedł czas, żebyś zgromadziła nowe siły. Masz pracę w fundacji, wiele dziewcząt i kobiet pisze do ciebie, ponieważ potrzebuje twojej pomocy. Waris, coś tutaj zbudowałaś, coś wielkiego. Nie możesz teraz opuścić tych ludzi. W RPA znajdziesz nowe siły, naładujesz baterie pozytywną energią.

– Kiedy mogłabym tam polecieć?
– Już jutro. Wszystko jest zorganizowane. Oto twój bilet lotniczy. Taksówka będzie czekać przed domem o ósmej rano.

Czułam się szczęśliwa jak małe dziecko. Pakując wieczorem rzeczy, gwizdałam wesołą melodię. Nie robiłam tego od wielu lat. Potem odwiedziłam Daniela.

– Nie zapominaj, nie zapominaj też, gdy będziesz już w Afryce – wołał przy pożegnaniu. – Nie przestawaj biegać!
Wyszłam na ulicę i krzyknęłam z głębi serca:
– Afryko, przyjeżdżam!
Wiedeński emeryt, który wyprowadził na spacer małego pieska, spojrzał na mnie zdziwiony i przeszedł na drugą stronę ulicy.

Taksówka czekała przed domem dokładnie o ósmej rano. Tym razem nie spóźniłam się; stałam już na ulicy z całym bagażem. Walter wysiadł z taksówki.

– Chodź, jedziemy.
Po raz pierwszy od długiego czasu w Wiedniu świeciło słońce. Jechaliśmy przez miasto, mijając wiele starych budynków, które – pokryte śniegiem – sprawiały wrażenie jeszcze bardziej majestatycznych. Obserwowałam dzieci bawiące się na śniegu i wystawy sklepowe. Nagle znów poczułam się wolna. Miałam wrażenie, że w moim życiu dzieje się coś nowego.

– Waris – powiedział Walter – zauważyłem, jak wiele radości, ale też jak wiele cierpienia wniosła w twoje życie wizyta matki. Musisz uporać się z tymi wspomnieniami. Wiem, że polubisz Republikę Południowej Afryki. Z pewnością miło spędzisz tam czas.

Czternaście godzin później wysiadłam z samolotu w Kapsztadzie. Była szósta rano, a temperatura na zewnątrz osiągnęła już dwadzieścia pięć stopni. Przyjaciele Waltera przyjechali po mnie. Kiedy opuściłam budynek lotniska, poczułam zapach Afryki. Cały afrykański kontynent przesycony jest szczególną wonią. Słońce znajdowało się już wysoko na niebie, zsyłając na ziemię oślepiające światło. Uklękłam, wzniosłam ręce i zawołałam:

– Mamo Afryko, wróciłam!

Pojednanie i przebaczenie

Kochana Mamo!

Zaledwie kilka tygodni temu cierpiałam, ponieważ wydawało mi się, że nigdzie na świecie nie mam prawdziwego domu. Opowiedziałam Ci o Billu Clintonie i o wieczorze w Pradze, kiedy zapytano mnie, gdzie czułabym się jak w domu. Wtedy nie umiałam odpowiedzieć na to pytanie. Teraz potrafię. Republika Południowej Afryki i Austria – mam obecnie nie jeden kraj ojczysty, ale dwa, co przejmuje mnie wielkim szczęściem.

Kiedy przyjechałam do RPA, chciałam się po prostu zrelaksować i odnaleźć spokój. Ale bardzo szybko zakochałam się w tym kraju. W końcu postanowiłam kupić mały domek letniskowy nad oceanem, gdzie mogłabym się schronić, z dala od jakiegokolwiek miasta, w wiejskiej okolicy. Wkrótce znalazłam takie siedlisko, o jakim myślałam. Znajduje się niemal na krańcu Afryki, na Przylądku Dobrej Nadziei. Nazwa ta jest symboliczna zarówno dla mnie, jak i dla mojego życia.

Mój nowy dom usytuowany jest na porosłym lasem wzgórzu. Z tarasu rozciąga się widok na bezkresny, błękitny ocean. Nigdzie na świecie nie ma bardziej romantycznych zachodów słońca niż w Republice Południowej Afryki. Różne odcienie kolorów poruszają mnie za każdym razem, kiedy je widzę. Gdy słońce zanurza się w oceanie, niebo zaczyna błyszczeć szkarłatem, a także wieloma innymi, wspaniałymi kolorami. Odbijają się w lustrze wody i przez kilka minut ma się wrażenie, jakby się było częścią pięknego obrazu.

Wokół domu jest mały ogród, gdzie hoduję kwiaty i zioła. Rosną tu też drzewa iglaste i krzewy. Powietrze jest zawsze świeże. Od oceanu wieje łagodna, chłodna bryza, nawet podczas bardzo gorących dni. W gałęziach drzew i w bujnych krzewach żyją egzotyczne ptaki wyśpiewujące całymi dniami swoje melodie. Kupiłam nawet specjalną książkę, by dowiedzieć się więcej o moich skrzydlatych sąsiadach. To miejsce stało się dla mnie małym rajem.

Salon w moim letniskowym domu zamiast ścian ma ogromne okna. Taka konstrukcja pozwala z każdego miejsca oglądać zarówno błękitny ocean, jak i zielone wzgórza. W zimie noce bywają podobne do tych na somalijskiej pustyni. Niekiedy nawet pada śnieg. Mam kominek, w którym palę zebranym przez siebie opałem. Ogień trzaska, stwarzając romantyczny nastrój. Cały domek staje się przytulny i ciepły. Jednak w ciągu dnia utrzymuje się tu ładna pogoda przez cały rok.

Często chodzę na plażę i spędzam tam długie godziny, rozmyślając o problemach, których nie potrafiłam rozwiązać, kiedy mieszkałam w Europie. Próbuję wyrobić sobie nowe, bardziej przenikliwe spojrzenie z dystansu. Niejednokrotnie po prostu siadam na piasku, przysłuchuję się falom oceanu i nawoływaniom mew.

W pobliżu mego domu znajduje się mały port, do którego każdego dnia wracają rybackie łodzie. Mogę kupować świeże ryby po dobrej cenie bezpośrednio od rybaków. Potem przygotowuję wspaniałe, proste potrawy, korzystając także z ziół i sałaty z mego ogrodu.

Urządziłam u siebie małe biuro, w którym mam komputer. Umożliwia mi to stały kontakt z moją fundacją w Wiedniu. Jeden pokój jest zarezerwowany tylko dla CIEBIE i Aleeke. Wiem już dokładnie, jak powinnam rozmieścić moje obrazy i rzeźby, a gdzie zaaranżować kącik muzyczny. W ogrodzie znalazłam odpowiednie miejsce, w którym będę mogła malować i pisać.

Chcę zatrzymać mieszkanie w Wiedniu, ale w przyszłości planuję spędzać dużo czasu tutaj, w moim małym raju.

Mamo, w Wiedniu doszło między nami do strasznej kłótni i obie byłyśmy zdenerwowane. Kiedy wyjechałaś, byłam bardzo nieszczęśliwa. Czekałam na nasze spotkanie z tak wielką nadzieją. Wierzyłam, że po tych wszystkich latach rozłąki odnajdziemy do siebie drogę. Widocznie moje oczekiwania były zbyt wielkie.

Ale wiesz, Mamo, że z natury jestem wojownikiem. Nigdy się nie poddaję, a zwłaszcza w najważniejszej walce mego życia – walce o TWOJĄ miłość. Jak długo żyję, będę próbowała znaleźć drogę do TWEGO serca. Wiem, jak głębokie są podziały między nami, ale chcę zbudować most z fundamentem dostatecznie silnym, by uniósł nas obie.

Walczę przeciwko okaleczaniu żeńskich narządów płciowych, TY je popierasz.

Walczę z panującą na świecie niesprawiedliwością, TY ją akceptujesz.

Walczę o prawa kobiet, TY wierzysz w patriarchalne społeczeństwo i coś, co zostało dane od Boga.

TY chcesz, by wszystko pozostało niezmienione i nazywasz to tradycją. Ja zaś pragnę, by przetrwały tylko dobre rzeczy, i nazywam to postępem.

TY kochasz Afrykę taką, jaka jest. Ja wierzę w Afrykę przyszłości. Z silnymi, dumnymi ludźmi, którzy biorą przyszłość w swoje ręce.

Mamo, nie powinnyśmy zapominać, co się wydarzyło, ale musimy sobie nawzajem wybaczyć.

Nie musimy wzajemnie akceptować wszystkich swoich posunięć, ale powinnyśmy zaaprobować sposób myślenia i działania drugiej strony.

Chciałabym nawiązać zerwane w Wiedniu stosunki pomiędzy TOBĄ a mną, choćby miała to być ostatnia rzecz, jaką uczynię w życiu.

W tych dniach często siedzę w moim salonie w Republice Południowej Afryki i spisuję rzeczy, których do tej pory nie mogłam Ci powiedzieć. Zapiski są liczne; ukazują TWOJĄ Waris w innym świetle. Nie jako supermodelkę podbijającą świat, ale bezbronną kobietę z problemami, które ciągną ją w dół.

Mamo, chciałabym, żebyś przyjechała do mnie, naprawdę pragnę tego z całego serca. Zapraszam CIĘ do mego letniskowego domku w Republice Południowej Afryki. Marzę o tym, by usiąść tutaj obok CIEBIE, przyglądając się zachodowi słońca. Niezależnie od wszystkiego, co nas dzieli, pod koniec dnia i tak wciąż będziemy matką i córką.

Z miłością,
Waris

Aneks 1: Islam zakazuje okaleczania narządów płciowych kobiet

Islam potępia obrzezanie kobiet

26 października 2005

26 października 2005 roku muzułmańscy duchowni w Somalii opublikowali fatwę, w której wypowiadają się przeciwko obrzezaniu i okaleczaniu narządów płciowych dziewczynek. Ta szeroko rozpowszechniona w Afryce praktyka została potępiona jako „niemuzułmańska". Szejk Nur Barud Gurhan, zastępca przewodniczącego centralnego związku somalijskich duchownych, postawił obrzezanie na równi z morderstwem.

22–23 listopada 2006, Kair

22 i 23 listopada 2006 roku w Kairze spotkali się muzułmańscy uczeni i eksperci z trzynastu krajów, aby pod patronatem Wielkiego Muftiego uniwersytetu Al-Azhar „obradować na temat mrocznej rzeczywistości okaleczania narządów płciowych kobiet i stosunku islamu do przemocy". Uchwalono dokument, w którym praktyka okaleczania żeńskich narządów płciowych została jednoznacznie potępiona.

W dokumencie tym znalazły się następujące zalecenia:
1. Bóg dał człowiekowi godność. W Koranie Bóg mówi: „Czciliśmy dzieci Adama z godnością". Dlatego Bóg zabrania wyrządzania jakiejkolwiek krzywdy osobie ze względu na status społeczny lub płeć.

2. Obrzezanie kobiet to zły obyczaj praktykowany w pewnych społecznościach i naśladowany przez część muzułmanów w wielu krajach. Nie ma dla niego podstaw w Koranie ani w nauczaniu proroka.

3. Obecnie praktykowane obrzezanie kobiet prowadzi do uszczerbku na ich zdrowiu i psychice. Dlatego należy zaprzestać tego procederu w imię największej wartości islamu – nieczynienia człowiekowi krzywdy – zgodnie z wypowiedzią proroka Mahometa, „nie doznawać krzywdy i nie przyczyniać się do krzywdy innego". Co więcej, obrzezanie zostało uznane za agresję wymagającą kary.

4. Członkowie konferencji apelują do muzułmanów o zaprzestanie tego procederu, zgodnie z nauką islamu, która zabrania krzywdzić człowieka w jakikolwiek sposób.

5. Uczestnicy konferencji zwracają się również do międzynarodowych i regionalnych instytucji oraz organizacji, aby swój trud koncentrowały na uświadamianiu i nauce społeczeństwa. W szczególności dotyczy to podstaw higieny i medycyny, które powinny być zachowane w stosunku do kobiet, tak aby obrzezanie nie było więcej praktykowane.

6. Konferencja przypomina instytucjom edukacyjnym i mediom o obowiązku informowania o szkodach, które wyrządza ten proceder, i ukazywania katastrofalnych społecznych konsekwencji, aby przyczynić się do zaniechania tego obyczaju.

7. Konferencja wzywa organa ustawodawcze do uchwalenia ustawy, która zabroni tego procederu osobom zajmującym się obrzezaniem kobiet i nazwie je przestępcami, bez względu na to, czy będą to osoby wykonujące obrzezanie, czy inicjatorzy.

8. Oprócz tego członkowie konferencji proszą międzynarodowe instytucje i organizacje o udzielenie pomocy we wszystkich regionach, w których proceder jest praktykowany, aby przyczynić się do jego zaniechania.

* * *

W Europie, Afryce i Australii spotkałam się z muzułmańskimi duchownymi, którzy opublikowali fatwy potępiające okaleczanie narządów płciowych kobiet. Potrzebujemy takich fatw na całym świecie, aby mogły one coś zdziałać. Wszyscy muzułmańscy duchowni powinni opowiedzieć się przeciwko obrzezaniu, podobnie jak przywódcy innych religii. Bolesny jest dla mnie brak stanowiska papieża w tej sprawie. Również w chrześcijańskich parafiach w Afryce okalecza się narządy płciowe dziewczynek.

Aneks 2: Waris Dirie – wystąpienia

Wystąpienie na konferencji prasowej z Michaiłem Gorbaczowem z okazji przyznania światowej nagrody dla kobiet World Women's Award w Hamburgu, 14 maja 2004

Panie i Panowie,
przyznanie mi światowej nagrody społecznej stanowi dla mnie wielki zaszczyt.

Jako kobieta pochodząca z Afryki przywiązuję do tego szczególną wagę, ponieważ kobiety w Afryce są najbardziej pokrzywdzonymi ludźmi na świecie i wiele spośród nich nie może zabrać głosu na żadnym forum.

To również wspaniała okazja, by być tutaj razem z wieloma osobami, które w wielkim stopniu przyczyniły się do zmian, jakie zaszły w społeczeństwach i w sposobie myślenia ludzi. Jestem przekonana, że nasze spotkanie stanie się impulsem do uświadomienia międzynarodowej społeczności problemów kobiet, a zwłaszcza kwestii okaleczania ich narządów płciowych.

Chciałabym wykorzystać tę okazję, by opowiedzieć wam o mojej pracy.

W każdej minucie gdzieś na świecie jakaś dziewczynka cierpi z powodu haniebnej praktyki okaleczania żeńskich narządów płciowych.

Moja fundacja – Fundacja Waris Dirie – postawiła sobie za cel położenie kresu temu zwyczajowi. Z tego powodu rozpoczęliśmy działania w kilku państwach afrykańskich, łącznie z moim krajem ojczystym – Somalią. Zapewniamy opiekę medyczną i akcje uświadamiające skierowane przeciwko okaleczaniu narządów płciowych kobiet.

Obrzezanie kobiet nie jest jednak problemem wyłącznie afrykańskim: zdarza się niemal na całym świecie. Następnym krokiem będzie zatem rozpoczęcie kampanii przeciwko okaleczaniu narządów płciowych kobiet na Zachodzie. Chciałabym również wykorzystać tę okazję, żeby podziękować wszystkim, którzy wspierają naszą pracę, przekazując pieniądze na rzecz fundacji. Proszę o dalszą pomoc, ponieważ wszyscy mamy wielkie zadanie do wykonania.

Światową nagrodę pragnę zadedykować wszystkim kobietom na świecie – a zwłaszcza w Afryce – kobietom, które każdego dnia walczą o swoje życie, a także o życie swoich dzieci.

Obiecuję, że będziemy kontynuować walkę, dopóki nie zostanie położony ostateczny kres okaleczaniu narządów płciowych kobiet.

Dziękuję.

Wystąpienie na Światowym Kongresie Kobiet w 2004 roku w Hamburgu

Panie i Panowie,
bardzo dziękuję za zaproszenie mnie tutaj.

Pochodzę z jednego z najbiedniejszych krajów świata – moją ojczyzną jest Somalia. Możecie sobie zatem wyobrazić, że temat ten jest dla mnie szczególnie ważny, ponieważ widziałam na własne oczy trudności, z jakimi borykają się tam kobiety.

Oczywiście najwięcej kłopotów przysparza ubóstwo. Chciałabym jednak zwrócić uwagę na trzy najważniejsze problemy zdrowotne, z powodu których umierają miliony kobiet.

Pierwszy z nich polega na tym, że kobiety nie są objęte opieką zdrowotną. Oznacza to brak szpitala, lekarza i pielęgniarki – niezależnie od tego, jak rozpaczliwa jest sytuacja.

Wystarczy jedna statystyka, by unaocznić skalę tego zagadnienia: w Afryce co szesnasta kobieta umiera podczas porodu z braku odpowiedniej opieki medycznej.

W Europie Zachodniej, gdzie kobiety mają dostęp do opieki zdrowotnej na wysokim poziomie, zdarza się to zaledwie raz na cztery tysiące porodów.

Podsumowując, W KAŻDEJ MINUCIE kobieta w jakimś miejscu na świecie umiera z powodu powikłań w okresie ciąży i porodu.

Podczas tego krótkiego, dziesięciominutowego przemówienia umrze gdzieś DZIESIĘĆ KOBIET.

Drugim wielkim problemem jest AIDS. Usłyszymy o tym więcej od eksperta, pana Maasa, toteż nie będę zagłębiać się w szczegóły. Pozwólcie mi tylko powiedzieć, że kobiety są dotknięte tą chorobą w dwójnasób: nie tylko odnotowuje się wśród nich wyższą zachorowalność, ale to właśnie one opiekują się chorymi, chociaż same są chore.

Pragnę wyrazić tym kobietom najwyższy szacunek. Zasługują na udzielenie im wszelkiej możliwej pomocy i przeprowadzenie każdej dostępnej kuracji. Nie potrafię zrozumieć tego, że zachodnie firmy farmaceutyczne skupiają całą uwagę na zarabianiu pieniędzy, odmawiając milionom umierających ludzi produkowanych przez siebie leków.

Trzecim najbardziej niepokojącym problemem zdrowotnym jest okaleczanie narządów płciowych kobiet. Kwestii obrzezania również nie chciałabym omawiać szczegółowo, jako że mamy w tej dziedzinie eksperta – panią Korę Gourè Bi.

Okaleczanie żeńskich narządów płciowych jest praktykowane w dwudziestu ośmiu krajach afrykańskich, ale nie jest to problem wyłącznie afrykański – zabiegi tego typu zdarzają się na całym świecie. Nawet tutaj w Niemczech, tuż za rogiem.

Myślę, że mamy w tej kwestii do czynienia z najpoważniejszym „problemem zdrowotnym" spośród wszystkich. Świadczy o tym pozostawianie kobiet samym sobie nie tylko wówczas, gdy są chore. Okalecza się je niefrasobliwie, mimo wysokiego ryzyka infekcji i śmierci. Liczby te nie idą w dziesiątki, lecz w miliony.

Dopóki praktyce okaleczania żeńskich narządów płciowych nie zostanie położony kres, nikt nie może mówić, że prawa kobiet są przestrzegane wszędzie na świecie.

Kończąc, chciałabym powiedzieć, że już najwyższy czas objąć kobiety opieką zdrowotną – powinien to być absolutny priorytet w programie politycznym.

Należy zrobić coś więcej niż tylko składać obietnice, które nigdy się nie spełnią – musi się zmienić pozycja kobiety w społeczeństwie.

To wielkie zadanie. Można mu podołać tylko poprzez zespolone wysiłki, w tym również poprzez zaangażowane działania kobiet całego naszego globu.

Dziękuję.

Wystąpienie na galowym wieczorze z okazji przyznania World Women's Award w 2004 roku w centrum kongresowym w Hamburgu

Panie i Panowie,
to wielki zaszczyt otrzymać tę nagrodę.

Odczuwam ogromne zadowolenie, że mogę być tutaj z tak wieloma ludźmi, którzy mają wpływ na pozytywne zmiany społeczne w wielu krajach.

Jest to dla mnie szczególnie ważne jako dla kobiety pochodzącej z Afryki.

Nie jest tajemnicą, że kobiety w Afryce są najbardziej pokrzywdzonymi ludźmi na świecie i wiele spośród nich nie ma prawa głosu. Dzisiejsza uroczystość to dla mnie wyjątkowa okazja, by uświadomić ludziom istnienie problemu. Chciałabym też podziękować wszystkim, którzy wsparli Fundację Waris Dirie.

Tę nagrodę pragnę zadedykować wszystkim kobietom naszej pięknej planety, a zwłaszcza Afryki, które walczą każdego dnia o swoje życie, a także o życie swoich dzieci.

Dziękuję.

Wystąpienie na Międzynarodowej Konferencji Wydawców w hotelu Intercontinental w Berlinie, 24 czerwca 2004

Panie i Panowie,
dziękuję wam bardzo za zaproszenie.

Jak wiecie, zostałam zaproszona, ponieważ napisałam dwie książki o swoim życiu. Jedna z nich, *Kwiat pustyni*, jest moją biografią, druga – *Córka nomadów* – opowiada o mojej ostatniej wizycie w Somalii.

Kiedy zaczęłam pisać *Kwiat pustyni*, nigdy nie myślałam, że tak wiele osób zainteresuje się historią mojego życia. Sądziłam, że być może książka znajdzie miejsce na półkach kilku bibliotek, ale nawet nie przeszło mi przez myśl, że sprzeda się w milionach egzemplarzy w księgarniach całego świata. Oprócz Afryki.

Kwiat pustyni jest nie tylko książką o kulturze czy o Afryce. To książka o życiu jednej kobiety, o jej wzlotach i upadkach, a także o ważnych momentach życia.

To również książka o skrzyżowaniu kultur. Dorastałam w rodzinie koczowników na somalijskiej pustyni, a skończyłam w efekciarskim świecie mody.

Przede wszystkim jednak jest to wołanie o sprawiedliwość!

Po raz pierwszy kobieta odważyła się powiedzieć publicznie o nieludzkim zwyczaju okaleczania żeńskich narządów płciowych, praktykowanym w przeszło trzydziestu krajach na świecie. Próbujemy znaleźć tu odpowiedź na pytanie, czy książki takie jak moja pomogą zrozumieć inne kultury. Czy prowadzą do większej tolerancji.

Wiele osób może sądzić, że tak nie jest; w swojej książce opisuję barbarzyński sposób, w jaki traktowane są dziewczynki i kobiety w społeczeństwie, z którego pochodzę. Myślę jednak, że książki takie jak *Kwiat pustyni* przyczyniają się do większego zrozumienia różnych kultur. Bynajmniej nie dlatego, że moja książka tak wspaniale przybliża tę kulturę. Rzecz w tym, że jest to opowieść o konkretnej kobiecie. Czytając, można się z nią utożsamić. Może dzięki niej kobiety w Afryce przestaną być jedynie abstrakcyjnymi danymi statystycznymi w raportach o rozwoju. Bo przecież są to ludzkie istoty. Przeżywają swoje trudne i dobre chwile. Mają twarze i imiona. Szacunek wobec innych ludzi przychodzi z większą łatwością, jeśli mamy szansę ich poznać. Łatwiej wówczas przestrzegać zasady, że niezależnie od tego, skąd kto pochodzi, w jakiej kulturze lub religii dorasta, ma podstawowe prawa, które muszą być respektowane. I że ani kultura, ani religia nigdy nie powinny być powodem odmawiania komukolwiek podstawowych ludzkich praw.

Jak sądzę, są to przyczyny, dla których książki o życiu afrykańskich kobiet znajdują więcej czytelników niż jakiekolwiek inne publikacje o tym kontynencie. To właśnie dzięki opowieściom afrykańskich autorek abstrakcyjne problemy – jak niewolnictwo, dzieci-żołnierze, okaleczanie narządów płciowych kobiet – stają się wyraziście realne i każdy może je zrozumieć.

Nadeszła pora, by mieszkańcy innych kontynentów dowiedzieli się o sytuacji afrykańskich kobiet. Kobiety w Afryce to najbardziej pokrzywdzone istoty na świecie, zupełnie pozbawione głosu. Tymczasem to właśnie one troszczą się o przetrwanie całych rodzin, dzięki czemu życie toczy się swoim torem.

Jednocześnie czas całkowicie wymazał pamięć o ludziach, którzy żyją na kontynencie afrykańskim, przymierając głodem.

Książki takie jak moja sprawiają, że opisywane bohaterki stają się widzialne. Odzyskują odebrany im głos.

Moje książki przyczyniły się również do podejmowania działań politycznych, zwłaszcza w obronie praw kobiet.

Pisanie *Kwiatu pustyni* było pionierskim doświadczeniem. Po raz pierwszy kobieta, która przeszła przez okaleczenie narządów płciowych, przystąpiła do działania.

Dało to początek głośnej kampanii. Poprzez moje pisarstwo mogę ludziom na całym świecie uświadomić pewne fakty i walczyć o położenie kresu okaleczaniu żeńskich narządów płciowych.

Jeszcze zanim napisałam tę książkę, każdy mógł się dowiedzieć bez trudu o krzywdzącej praktyce obrzezania kobiet. Nie jest tajemnicą, że w przeszło trzydziestu krajach na całym świecie małe dziewczynki i młode kobiety są okaleczane w sposób, który sprawia, że prowadzenie normalnego życia staje się dla nich niemożliwe. Co dziesięć sekund jakaś dziewczynka cierpi z powodu tego zabiegu wykonywanego w skrajnie niehigienicznych warunkach. Wiele z nich wykrwawia się na śmierć. Jest jednak faktem, że jedna osoba nagłośniła ten problem, dzięki czemu pojawił się on w międzynarodowych środkach przekazu. To sprawiło, że walka przeciwko okaleczaniu narządów płciowych kobiet stała się absolutnym priorytetem w międzynarodowych programach rozwoju.

Narody Zjednoczone mianowały mnie Ambasadorem Dobrej Woli do walki przeciwko okaleczaniu żeńskich narządów płciowych. Narastający rozgłos sprawił, że stało się możliwe powołanie do życia mojej fundacji – Fundacji Waris Dirie.

Wraz z fundacją, którą zarządzam, dzięki wsparciu i przekazom pieniężnym, kieruję działaniami zwróconymi przeciwko obrzezaniu kobiet w czterech krajach afrykańskich oraz kampanią mającą na celu uświadomienie szerokim kręgom społecznym istnienie tego okrutnego i nieludzkiego zwyczaju.

Moim celem jest położenie kresu okaleczaniu żeńskich narządów płciowych. Nie tylko w Afryce. Obrzezanie kobiet zdarza się również tutaj, w Berlinie. Proszę wszystkich obecnych o poparcie walki z tym okrutnym zwyczajem.

Kończąc, chciałabym podkreślić, że książki o innych kulturach nie powinny przedstawiać jedynie ich kolorowej strony. Powinny ukazywać prawdę i realne podłoże, z jakiego wyrastają.

Mam nadzieję, że wypromujecie znacznie więcej takich książek. Będzie to ważny krok w stronę świata, w którym różne kultury są szanowane i rozumiane.

Niezależnie od kultury, w jakiej żyją, ludzie powinni mieć zagwarantowane podstawowe prawa. Wszyscy musimy o to walczyć.

Dziękuję.

Wystąpienie na międzynarodowej konferencji poświęconej problemowi okaleczania narządów płciowych kobiet, w Centrum Kenyatty w Nairobi, Kenia, wrzesień 2004

Panie i Panowie,
dziękuję za możliwość wygłoszenia mowy na tej konferencji.

Wielką dumą napawa mnie fakt, że znajduję się na afrykańskiej ziemi.

Dzisiaj spotkaliśmy się tutaj, w Nairobi, ze względu na szczególną okazję – afrykańscy przywódcy postanowili położyć kres okrutnemu zwyczajowi okaleczania narządów płciowych kobiet.

Kenia zrobiła pierwszy krok i zamierza ratyfikować Protokół z Maputo*, potężny instrument służący zniesieniu zwyczaju obrzezania kobiet.

---

* Protokół do Afrykańskiej Karty Praw Człowieka i Ludów o Prawach Kobiet w Afryce, znany również jako „Protokół z Maputo", przyjęty w Maputo, stolicy Mozambiku, 11 lipca 2003 roku, wszedł w życie 25 listopada 2005 roku. Protokół zawiera formalny zakaz okaleczania żeńskich narządów płciowych i nadaje kobietom więcej praw. Wzywa rządy poszczególnych krajów do podnoszenia publicznej świadomości w kwestii tragicznych skutków okaleczania żeńskich narządów płciowych. Protokół wzywa również do zmiany praw, w myśl których okaleczanie narządów płciowych kobiet byłoby uważane za przestępstwo. Ponadto protokół domaga się udzielania większej pomocy i ochrony kobietom i dziewczętom, które bądź ucierpiały z powodu tego zabiegu, bądź są nim zagrożone.

Przyjmuję tę decyzję z wielkim zadowoleniem jako kobieta z Afryki oraz Ambasador Dobrej Woli ONZ, którego zadaniem jest sprzeciw wobec okaleczania żeńskich narządów płciowych.

Kenia przyłączy się do listy krajów, które wydały już prawny zakaz wykonywania tego zabiegu. Gratuluję wam.

W istocie jest to dopiero pierwszy krok. Wszyscy zdajecie sobie sprawę, że sytuacja, w jakiej znajdują się kobiety w Afryce, jest głęboko niesprawiedliwa. Zgodnie z danymi Banku Światowego, kobiety w krajach afrykańskich produkują przeszło osiemdziesiąt procent żywności i wykonują więcej niż dziewięćdziesiąt procent wszystkich prac. A jednak w wielu krajach w Afryce są one pozbawione prawa posiadania ziemi.

W sumie w ich dyspozycji znajduje się mniej niż pięć procent majątku. To właśnie kobiety sprawiają, że nasze społeczności mogą przetrwać. To one troszczą się o żywność, dzieci i utrzymanie jedności rodziny. Tymczasem społeczeństwa afrykańskie odmawiają im należnych praw.

W wielu krajach Afryki kobieta jest ubezwłasnowolniona.

Można ją sprzedać.

Można ją kupić.

Można ją wykorzystać, a następnie się jej wyrzec.

Większość dziewcząt i kobiet nie ma dostępu do edukacji ani do opieki zdrowotnej.

W subsaharyjskiej Afryce jedna na szesnaście kobiet umiera podczas ciąży lub porodu.

Nie jest to rzecz naturalna – w Europie, gdzie istnieje dobrze zorganizowana służba zdrowia, zdarza się to raz na cztery tysiące przypadków.

Okaleczanie narządów płciowych kobiet stanowi jedną z przyczyn tej sytuacji – najbardziej zatrważającą i straszną.

Okaleczanie narządów płciowych niszczy życie dziewcząt i kobiet, które poddano temu zabiegowi.

Wiele z nich umiera w trakcie zabiegu, a te, którym udaje się go przeżyć, cierpią na poważne problemy zdrowotne przez resztę życia.

Mówimy o przeszło dziewięćdziesięciu procentach kobiet w niektórych afrykańskich krajach. Organizacja Narodów Zjednoczonych ocenia, że każdego roku w Afryce okaleczane są dwa miliony dziewcząt. Oznacza to, że tylko dzisiaj sześć tysięcy dziewczynek zostanie poddane temu okrutnemu zabiegowi, a sześć tysięcy jutro.

Dzień po dniu niszczy się sześć tysięcy ludzkich istnień.

Pozwólcie mi wypowiedzieć się jak najbardziej otwarcie:
okaleczanie narządów płciowych kobiet nie jest tradycją;
okaleczanie narządów płciowych kobiet nie jest kulturą;
okaleczanie narządów płciowych kobiet nie ma nic wspólnego z religią;
okaleczanie narządów płciowych kobiet nie jest niczym innym, jak przestępstwem.

To się musi zmienić. A zmiana jest w naszych rękach.
Przywódcy Afryki, gdzie jesteście, kiedy wasze dzieci płaczą?
Przywódcy Afryki, gdzie jesteście, kiedy wasze dzieci głodują?
Przywódcy Afryki, gdzie jesteście, kiedy wasze dzieci umierają?

Dzisiaj czynimy pierwszy krok na drodze do zmian. Protokół z Maputo i uchwalenie nowych praw stanowią dwa wielkie osiągnięcia.

To jednak nie wystarczy – przede wszystkim musi się zmienić sposób myślenia ludzi. Potrzebujemy aktywnej i świadomej kampanii.

Mamo Afryko, dałaś nam tak wiele zasobów, tak wiele naturalnego bogactwa i piękna.

Twoja siła i piękno przetrwają próbę czasu. Wykorzystywano cię i nadużywano.

Nie ma na świecie drugiego takiego miejsca. Tęsknię za tobą i należę do ciebie.

ALE AFRYKA POTRZEBUJE NOWEGO DUCHA.

Mam marzenie:
marzenie o Afryce, w której nie będziemy walczyć i wzajemnie się zabijać, ale będziemy wspierać jedni drugich w poczuciu solidarności.

Marzę o Afryce, w której kobiety byłyby traktowane na równi z mężczyznami.

Gdzie kobiety darzono by miłością i szacunkiem, na który zasługują.

Przywódcy Afryki, ta zmiana jest w waszych rękach.
Robimy pierwszy krok, by jej dokonać.
Dzisiaj.
Dziękuję.

Możesz pomóc Waris Dirie!

Jeśli chcesz wesprzeć Waris Dirie w jej walce przeciwko rytualnym okaleczeniom żeńskich narządów płciowych, możesz to uczynić wpłatą na niżej podane konto:

Waris Dirie Foundation International Account
Bank Austria UniCredit Group
Account Number: 50333 903 555
Bank Code: 12000
IBAN: AT 30 1200 0503 3390 3555
BIC: BKAUATWW

Więcej na temat działalności Waris Dirie Foundation, jak również informacje o aktualnej kampanii znajdziesz pod:
www.waris-dirie-foundation.org

Jeśli chcesz wysłać e-mail, oto adres elektroniczny Waris Dirie:
waris@utanet.at